グリム、イソップ、日本昔話

# 人生に効く寓話

池上 彰
ジャーナリスト

佐藤 優
作家・元外務省主任分析官



806
中公新書ラクレ

# はじめに

誰もが幼少期に童話、寓話を親に読んでもらったり、自分で読んだりした経験があるでしょう。自分で文字を追いながら読み進めることができたときの誇らしい気持ちを覚えている人もいるかもしれません。

こうした童話の数々は、洋の東西を問わず、時代を問わず読み継がれてきました。その多くは勧善懲悪ものです。「悪いことをすると、必ず後でしっぺ返しがありますよ」と私たちに教えます。こうした童話を通して、私たちの倫理観が形成されてきたように思えます。

ところが、大人になってから読み返してみると、「これはどういう意味だろう」と首をかしげる内容のものも少なくないのです。要は勧善懲悪になっていなかったりするのです。

では、現代の私たちは、こうした童話からどのような「教訓」を読み解けばいいのか。そんな問題提起を佐藤優氏から受け、実現したのが本書です。

改めて読んでみると、日本で読まれている海外の童話の多くは、日本風にアレンジされているものが多いことに気づきました。

また原作は子どもに読ませるには恐ろし過ぎる内容を含んでいるものも多いのです。私たちは、原作が持つ棘を抜いて漂白されてしまったものを読まされていたことに気づきました。

さらに一見微笑ましく見えたような童話も、佐藤氏の手にかかると、実に恐ろしいものに思えてきます。また、実は現代に通じる重要な内容を含んでいることに気づかされたりの数々でした。

佐藤氏は外交官時代、こうした童話の解釈を通じて部下たちに職業人としての倫理を伝えてきたようです。

佐藤氏との会話を通じて、佐藤氏の「性格の悪さ」もとい、「分析力の深さ」に驚嘆することもしばしばでした。

単なる童話と片付けられない内容を含んでいるからこそ、「人生訓」の古典として受け継がれてきたのでしょう。

言うまでもありませんが、私たちは童話の研究者ではありませんし、研究者のような読み方ができるわけではありません。しかし、2人とも、それなりの修羅場をくぐって生きてきました。生身の人間に裏切られたり、救われたり。そんな実体験に照らして童話を読み解くと、人間どのように生きるべきかを知る材料の宝庫なのです。大人が童話を読みかえすことの大切さを味わってみてください。

2023年9月　湾岸諸国取材中のクウェートにて

ジャーナリスト　池上　彰

目次

## 第二章 競争社会の作法

構成／南山武志
イラスト／かさぶたくん
本文ＤＴＰ／市川真樹子

グリム、イソップ、日本昔話

# 人生に効く寓話

# プロローグ　現代に昔話のページを開く意味

## 読み継がれる寓話・昔話の持つ力

**佐藤**　考えてみれば、100年、200年と語り継がれてきた童話や昔話というのは、すごいコンテンツです。

**池上**　ふとした瞬間に、子ども時代に刷り込まれた「教え」が蘇ったりしますよね。まあ、イソップ寓話のように結構エッジの利いたものから、「桃太郎」みたいな立身出世、勧善懲悪の物語、あるいはいまだに何が教訓なのかよくわからない話まで、昔話にもいろいろあるのですが。

**佐藤**　長い期間、消えずに残ってきたことには、当然理由があります。単に面白いとかおかしいとかいうのを超えた何か、その時代を生き抜くための英知のようなものが込められているはず。池上さんとともに、あらためてそれを探ってみようというのが、今回の試みです。

そういう目的がありますから、例えばバブル期に一世を風靡した「一杯のかけそば」のような話は、対象になりません。

**池上**　何だか懐かしい（笑）。民話作家の栗良平さんという人が書いた童話です。

1972年の大晦日に、札幌の閉店間際の蕎麦屋に貧相な3人の母子が訪れて、1杯のかけ蕎麦を分け合って食べていった。毎年やってきて、蕎麦をシェアする母子を不憫に思った店主は、こっそり「おまけ」して提供していたのだけれど、ある年からぱったりやってこなくなった。それでも大晦日には3人分の席を空けて待ち続けた店主の前に、十数年後、母親とすっかり立派になった子どもたちが現れ、店主に感謝の言葉を述べながら、母と子は、初めて1杯ずつの蕎麦を注文した——。

そんなあらすじを聞いても「何それ？」だと思いますが、原作を読んだり朗読を聞いたりすると、結構涙腺が緩む物語だったのは事実で、実写の映画が撮られたくらいでした。ところが、「現代の童話」だったことも災いして、設定の不自然さなんかが突っ込まれる状況にもなり、ほどなく〝ブーム〟は去りました。

**佐藤**　すぐに消えてしまったのは、言葉は悪いのですが、作られた「感動的な物語」の域を出なかったことが大きいと思うのです。

**池上**　それでは、教訓に満ちた古典にはなりにくいですね。

**佐藤**　そう、童話はまさに古典なのです。だから、語り継がれ、時には後世の作家にインスピレーションを与えたりもします。例えば、「かちかち山」は、太宰治が兎を少女、たぬきを彼女に恋する中年男という設定のストーリーにしたり、筒井康隆がいろいろな童話をモチーフにした短編に仕立てたり。

**池上**　ちなみに、太宰版『お伽草紙』にも、「かちかち山」のほか、「瘤取り爺さん」「浦島太郎」「舌切りすずめ」をベースにした物語が収録されています。

## 時代、社会を反映し、リメイクされる

**佐藤**　このように、自由に解釈してリメイクが可能なのも、童話・昔話の特徴といえま

す。

**池上**　解釈以前に、「改竄」に近いこともやられていますよね。基本的に著作権は問題になりませんから。

　例えば、イソップ寓話にしてもグリム童話にしても、原作は怖い話なのに、日本の絵本なんかではハッピーエンドにされているものが、結構あります。子ども向けの読み物で、残酷なシーンが連続したり、身も蓋もない結末だったりするのはいかがなものか、という判断が働いていた結果だと思いますが。

**佐藤**　かつて『本当は恐ろしいグリム童話』という本が、ベストセラーになりました。

**池上**　そもそもグリム童話というのは、グリム兄弟がドイツの昔話を編纂したものなんですね。同じ話が、別の人によって採録されていることもあります。例えば「赤ずきん」では、ラストで狩人が赤ずきんちゃんとおばあさんを食べたオオカミの腹を裂き、2人を助け出すわけですが、グリム版以前の話では食べられたままでおしまいなのです。

**佐藤**　そのほうが「オオカミ」に気を付けろという教訓が、ストレートに伝わるかもしれません。

**池上**　確かに（笑）。ともあれ、そのようにつくり変えることで、昔話に時代に合った教訓を語らせることもできるわけですね。

イソップの「アリとキリギリス」は、冬になって食料に窮したキリギリスが、アリのところに助けを求めに来るのだけれども、アリはそれを断って、やがてキリギリスは餓死してしまう、というのが原典です。これもいろんなバージョンがあって、アリは死んだキリギリスまで餌にした、というのもあるそうです。

一方、日本で過労死が問題になった時代、キリギリスが食べ物を分けてもらおうとアリのところを訪ねたら、働き過ぎでアリたちが全員死んでいた、というリメイク版ができたりもしました。キリギリスはアリたちが残した食べ物で生きながらえるというオチがついていて、これは教訓というよりも「過労死社会」に対する痛烈な皮肉になっているわけですが、真面目に働くことこそ美徳という価値観一辺倒の時代には、あり得ない物語です。

**佐藤**　キリギリスが餓死するのはあんまりだというので、結局アリが食料を分け与えるという方向の改変も行われました。１９３４年にウォルト・ディズニーが制作した短編映画『アリとキリギリス』では、アリが食べ物を分け与える代わりに、キリギリスがアリたちにバイオリン演奏を披露する、というストーリーになっています。これには、ちょうどニューディール政策により社会保障制度を導入しようとしていた、時のルーズベルト政権への政治的な配慮があったといわれていますね。

**池上**　昔話が融通無碍に書き換えられていることが、よくわかります。

**佐藤**　今回やりたいのも、単なる童話・昔話の読み解きというよりは、大げさに言えば時代を生き抜くための新たな解釈の探求です。解釈には、その人の人生経験や立ち位置が反映されます。例えば、池上さんにはジャーナリズムや教育に関する基盤がある。私は中央官庁の役人だったし、「塀の中」に入ったこともあります（笑）。そうしたものを踏まえて、あらためて昔話という古典を読むことで、もっと楽に生きるためのヒントになるような新解釈に挑戦したいと思うのです。

**池上**　読者の方も、融通無碍な深読みをしてみたらいかがでしょうか。人生経験を積み重ねることによって、解釈力は広がっていくはず。昔読んだときとはまったく違う気づきがあるかもしれません。

## 「勝ち組」の心も蝕む新自由主義の時代にこそ

**佐藤**　「時代を生き抜く」と言いましたが、前置きの最後に、そもそも現代がどういう時代なのかについて、少しだけ論じておきたいと思います。

少し前、「勝ち組」「負け組」という言葉が、注目を集めました。社会は、経済的に恵まれる「勝ち組」と、貧困から逃れられなくなる「負け組」の二つに分化していく。はたして自分は、「負け組」にならずに済むのだろうか？

**池上**　そういうのが、結構リアルな恐怖として受け止められましたよね。

**佐藤**　勝ち組に入るためにすべきこと、負け組にならないために心がけるべきこと、といったテーマが、雑誌やテレビなどでも盛んに取り上げられました。嫌な言葉だと思っていましたが、最近は昔ほどは耳にしなくなりました。ただし、これが例によってメディアなどが作り出した幻想だったから消えたのかといえば、そうではないようです。逆に、この10年、20年であらかた勝ち組と負け組がはっきりして、固定化したからのような気もするのです。

「勝ち」と「負け」がはっきりするようになった背景に、社会への「新自由主義」の浸透があるのは、いうまでもありません。

**池上**　あらためて述べておくと、「新自由主義」というのは、アメリカの経済学者ミルトン・フリードマンが、著書『資本主義と自由』で提唱したもので、ひとことで言えば、国や政府の役割、権限を可能な限り抑制して、経済や社会を市場原理に任せるべき、という主張です。

**佐藤** 要するに、犯罪にならなければ、儲けるために何でもありということです。

**池上** そういう自由を邪魔する制度があれば取り払い、法律があったら変えるべし、と説いたわけです。この考え方は、1980年代、アメリカのロナルド・レーガン大統領やイギリスのマーガレット・サッチャー首相らに影響を与えるなど世界に広まって、「グローバル・スタンダード」となっていきます。影響はもちろん、日本にも波及しました。中曽根康弘首相が推し進めた国鉄、電電公社、専売公社の民営化、あるいは小泉純一郎首相による郵政民営化をはじめとする規制緩和策は、その典型的なものと言えるでしょう。

新自由主義の考え方に則った改革は、確かに社会の旧弊を除去し、市場経済を活性化する役割を果たしたと思います。ただ一方で、強者はより強く、弱者は浮上が困難で、頼みのセーフティネットも脆弱化していくという、おっしゃるような格差社会を生み出し、固定化させることになりました。そのことの弊害もまた、大きなものがあります。

**佐藤**　世の中が新自由主義一色に塗り替えられた結果、気づいたらみんなが「疲れ果てた」状態になっているということを、強く感じるのです。自由はいいのだけれど、「何でもあり」の弱肉強食社会では、常に競争に打ち勝つことが求められますから。

**池上**　勝ち続けていなければ、自分もいつ「あちら側」に転落するか、わかりません。

**佐藤**　実は勝ち組の多くも、そんな強迫観念に苛まれ、疲れてしまったわけです。例えば、「ポスト資本主義論」という視点からマルクスの再評価を提唱する哲学者の斎藤幸平さん、徹底された資本主義の下で「小舟化」、すなわち個人化が極限まで進行する社会における心のありようを説く臨床心理士の東畑開人さん。こうした人たちが大きく注目されるようになったというのは、まさにみんなが新自由主義に耐えられなくなり始めている証左のように、私には思えます。

一方で、あまりにその副作用が大きかったために、逆に「〝反新自由主義〟なら何でもあり」のような風潮が生まれているのも気になるのです。

**池上**　どのような点ですか？

**佐藤**　例えば、２０２２年、『平成転向論』（小峰ひずみ著）という本が出版されました。安倍晋三政権の安保関連法などに反対行動を繰り広げたＳＥＡＬＤｓ批判を軸にしていて、簡単にいえば、あれは新自由主義内の運動に過ぎず、もっと「破壊的」にやらなければ意味がない、という趣旨です。書かれている内容は、私にいわせれば全共闘時代の大学1年生の作文のような感じです。なのに、大きく持ち上げるメディアがあったりするわけです。

**池上** そういうものが、単純に安倍元首相を狙った「山上事件」のような行為に結びつくとは、言えないまでも。

**佐藤** 社会、政治運動に関するこの手の雑な議論がもてはやされるのは危険です。

前置きが長くなりましたが、そのようなことも含めて、この新自由主義の世の中をどう生き抜いていくのかというのは、本書を貫く大きなテーマになると思います。

**池上** みんなが疲れ切っている根本には、新自由主義という社会の仕組みがあるのだ、ということをしっかり認識しておくことは、とても大事なことです。

**佐藤** 今回チョイスした話には、そうした現代だからこそ「刺さる」ものが少なくないと思います。では、始めることにしましょう。

# 第一章

# ギスギスした弱肉強食社会を知る

# 1

# 新自由主義の中で心が折れないために「すっぱいぶどう」

◎あらすじ

昔あるところに、旅を続けている狐がいた。狐は食べ物も小川もないところを歩いていたので、何も食べていない日が続いていた。そんな状態で歩き続けていると、目の前にぶどう畑が見えてきた。腹ぺこで、喉もからからだった狐は、大喜びでぶどう畑へ近づき、果実を取ろうとした。

ところが、ぶどうの木が高くて、狐の手が届かない。背伸びをしても、どんなに高く、何度ジャンプしてみても、それを取ることはできなかった。おいしそうなぶどうを目の前に、疲れ果て、怒りと悔しさでいっぱいになった狐は、「どうせこのぶどうはすっぱくてまずいに違いない。絶対食べてやるもんか」と言って、その場を去っていった。

［「すっぱいぶどう」イソップ］

## 現代人は狐に学べ

**佐藤**　最初に取り上げたいのが、イソップ寓話の「すっぱいぶどう」です。ポイントは、言うまでもなく最後の狐の「捨て台詞」です。

**池上**　一般的には、努力しても欲しいぶどうを手に入れられなかった狐の負け惜しみと捉えられるのですが、それで終わっていては、教訓にはならないですね。あくまでも寓話ですから、狐もぶどうも「たとえ」です。考えてみれば、我々のやることなすこと、思い通りにいかないことばかり。ぶどうを取れなかった狐に対して「馬鹿だなあ」とか「惨めだなあ」とかの感想を抱くとしたら、それは丸ごとブーメランになって返ってくるかもしれません。

**佐藤**　この童話を再解釈することは、まさに現代人にとって重要な「生きるヒント」の提供に通じると思うのです。特に日々競争にさらされているビジネスパーソンとか、学生とかにとっては。ですから、少し詳しく論じておきたいと思うのです。

**池上**　いいでしょう。

**佐藤**　欲しい服があったのに高くて手が出せなかったといった類の話は、些事としてひとまずおきましょう。今の日本の子どもは、幼少期から「お受験」があり、塾や英会話教室やお稽古事なんかに通わされます。そうやって、「あのぶどうを取りなさい」と、周囲と競わされるわけですね。

ところが、そうやってぴょんぴょん跳ねても、中学受験では約8割の子どもは第1志望に入ることができませんから、12歳で人生の挫折を味わうことになります。私には、とても健全な社会の仕組みだとは思えませんが。

**池上**　そして、それが高校受験、大学受験と続いていくわけですね。ぶどうの木のてっぺんにある一番大きくて甘い果実は、さしずめ東京大学ということになるでしょう。でも、そういうのを手にできる狐は本当に僅かで、みんな最後は、「東大なんて、ガリ勉みたいな奴の行くところだろう」と諦める。

**佐藤**　無理なジャンプを繰り返しているうちに、けが人続出の状況にもなるのです。負け惜しみを言っているうちはよかったのですが、どこかで心がポッキリ折れてしまう人は、少なくありません。受験で目いっぱい加熱された心が、結果を見て急速に冷却される。そんなことを繰り返していれば、当然そういうリスクは高まります。
一方、なんとかぶどうを手に入れて、やれやれと思っていた狐も、それで安泰とはいかないのです。社会に出て歩き始めた彼の前には、また別のぶどうの木が現れます。一流企業や官庁に入ったら、今度はそこで出世競争が待っているんですね。
**池上**　これがまた、熾烈を極める。時には、仕事の能力とは別の「忖度する力」なんかが問われるのだから。
**佐藤**　そんなこんなでへとへとになって、ようやく定年を迎えて「これから第二の人生だ」と思ったら、それこそが大いなる勘違いで、家でも地域でも全く役に立たない〝濡れ落ち葉〟だった……。
**池上**　ぶどうの果実を手に入れるどころか、葉っぱになっていたのでは、目も当てられません。（笑）

## ぶどうは手に入れなくていい

**佐藤**　そもそも、ぶどうにはすっぱい以前の問題があります。狐は基本的に肉食ですから、ぶどうを食べたとしても、大して腹の足しにはならないのです。

**池上** なるほど（笑）。苦労の末に手にして腹に収めるという行為は、費用対効果の点で大いに問題がある。

**佐藤** そういうことです。さらに言えば、人には適性というものがあるのを忘れてはいけません。往々にして適性の問題を能力の問題と勘違いするところから、問題が発生し深刻化するわけです。

**池上** 適性ということになると、努力でどうこうなる世界ではなくなります。例えば東大に合格するためには、相応の学力もさることながら、ある種の特殊技能というか、特別なテクニックを磨く必要があります。そういうことが性に合わない人は、いくら頑張ってみたところで赤門をくぐることは困難でしょう。

**佐藤** 狐には、高い木になった果実をジャンプして取るような適性はなかった。そもそもぶどうという食べ物自体が、性に合わないものだったということになります。にもかかわらず、「現代の狐」たちもまた、みんながぶどうを取ろうとして、同じ舞台で競うのです。競わされる、と言ったほうがいいと思うのですが。

**池上** 問題はそこですよね。その競争は、あなたの適性に合致しないから無駄骨に近いですよ、と言ってもなかなかわからない。

**佐藤**　あえて引き合いに出せば、それでも諦めずに来る日も来る日もチャレンジしているうちに、ついに超人的なジャンプ力を我がものにして、ぶどうに手が届いたというのが、『巨人の星』や『アタック№1』の世界です。

**池上**　昭和の「スポ根アニメ」ですね。

**佐藤**　『巨人の星』は、私が小学生の頃の放映でしたが、同じ年代の男子は時間になるとみんなテレビにかじりついて見ていた。でも、今教えている大学生たちに見せると、心底びっくりされます。「何が面白いんですか？」と。（笑）

**池上**　けっこう何度も再放送されていましたが、時代に合わなくなったのか、さすがに見なくなりましたね。

**佐藤**　元巨人軍の内野手ながら、飲んだくれの労働者の身となった星一徹が、息子の飛雄馬を鍛えてピッチャーに育てるわけですが、その鍛え方がすごい。成長期の子どもに「大リーグボール養成ギプス」という筋力増強装置を着けさせたままにしたり、ボールにガソリンを染み込ませた布を巻いて「火の玉ノック」を見舞ったり。けがの原因になるからと、今はやられていない〝うさぎ跳び〟のシーンも頻繁に出てきます。しかも、何かにつけてぶん殴る。ＤＶ親父そのものです。

**池上**　リアル「ちゃぶ台返し」もやってました。

**佐藤**　そういう荒唐無稽というか、今から考えれば相当ひどい話なのですが、あの時代には『巨人の星』を見ていないと、学校で仲間に入れなかったのです。「すっぱいぶどう」に当てはめるなら、諦めて去った狐は間違っている。たとえすっぱかろうと、血の汗を流してでもぶどうを取るまで頑張らないといけない、と。周囲はそんな空気だったわけです。

**池上**　若い人のために注を付けておくと、このアニメの主題歌に、「血の汗流せ　涙をふくな」という一節があります。とにかく、「頑張ることこそ、美徳である」というのに、みんな疑問を抱かない時代ではありましたよね。

野球つながりで言えば、今ロッテにいる佐々木朗希投手が高校時代、夏の甲子園大会の決勝で、故障の恐れがあるからと登板を回避され、チームも敗れるという「事件」がありました。この監督の決断は、昭和の時代だったら抗議電話どころの騒ぎでは済まなかったでしょう。

**佐藤**　エースとして頼んだ以上、どうして刀折れ矢尽きるまで戦わせないのか、という世論一色になったはずです。
　ところで、私は外務省の役人時代に、上司には意識的に『巨人の星』の話を振っていたんですよ。
**池上**　『巨人の星』を知らないからといって、外務省で仲間外れにされることはなかったと思いますが。（笑）
**佐藤**　その上司が「怖い人間」ではないかどうか見極める、いいリトマス試験紙だったのです。ストーリーをすらすら語れるような人物は、ちょっと用心したほうがいい。
**池上**　ああ、「スポ根脳」になっているかもしれないから。
**佐藤**　そう。意識しているかどうかは別にして、「とにかく頑張ればいいのだ」という価値観が刷り込まれている可能性があります。そういう人には、間違って変なギプスを装着されたりしないように気をつけていました。
**池上**　でも、佐藤さん自身も、『巨人の星』をすらすら語れますね。（笑）
**佐藤**　私の場合は、あくまでも怖い上司を見分けるための引き出しに過ぎません。（笑）
　池上さんが在職したＮＨＫにも、「スポ根脳」の上司がいたのではないですか。「靴の底をすり減らしてナンボ」というタイプの。

**池上**　いましたよ、当然。昔、伊豆半島の沖で大きな地震があったとき、社会部のデスクが「全員現地に電話して、状況を聞け」と命じたわけですね。机の前にある受話器を置いていると、「何やっているんだ、とにかく電話をかけまくれ」と。ところが、そうやって電話回線が塞がった結果、現場にいる記者が本社に情報を送ろうと思っても、お話し中で全然つながらなくなってしまった（笑）。携帯電話なんてない時代ですから、お手上げです。

**佐藤**　そういう緊急時には、発信用と着信用を分けるのがセオリーなのですが。

**池上**　電話で思い出しましたが、やはり社会部にいるときに、自民党本部が過激派の中核派に放火された事件がありました。私は、近くのビルにある公衆電話に駆け付けて、そこを「占拠」したわけです。で、10円玉をじゃらじゃらやりながら事件の原稿を送って、他社の連中には使わせなかった（笑）。結果的に、速報を伝えられたのは、ＮＨＫのみでした。

実は、これにはある知識が役立ちました。かつて、アメリカでケネディ大統領が暗殺されたとき、現地で取材していたＣＢＳの記者が、真っ先に1台だけあった公衆電話を押さえたんですね。そして、ニューヨークの本社とつないで、延々30分間、暗殺の様子を伝え続けたわけです。他社の記者が連絡をしようとしても、公衆電話はその1台だけだから、世紀のスクープはＣＢＳが独占。通信手段が限られていた当時、いかにそれを確保するのが重要だったのかという話です。

ずいぶん話がそれました。（笑）

## 「捨て台詞」でラクになれ

**佐藤**　時代を今に戻すと、『巨人の星』のような話に微塵もリアリティを感じない人たちでも、一斉にぶどう目がけてジャンプするような世の中に、やっぱり疑問を抱いていないわけです。

**池上**　やはり「スポ根アニメ」を笑えません。

**佐藤**　なぜそうなるのかといえば、今日的なメリトクラシー、成果主義の「怖さ」だと私は思うのです。

**池上**　「メリトクラシー」は、能力主義などとも訳されますが、ざっくり言うと、社会的地位というものは、その人の出自や身分などではなく、能力、業績によって決まるのだ、という近代社会の概念のことです。前近代的な社会に比べて「平等」なのは確かですが、じゃあその能力をどうやって測るのだ、あるいは逆に格差を固定化しているではないのかだとか、能力主義という考え方に様々な疑問や批判があるのは、ご存知の通りです。

**佐藤**　成果主義を全否定するのではありません。一例を挙げると、私の関係する大学教育の現場では、教員に対してそうした指標に基づく評価が不十分なために、学生にとって不幸な状況が生まれたりします。

**池上**　それこそ教員としての適性を持たない人が、学生を教えている。

**佐藤**　そういうところに成果、業績の仕組みを持ち込んでいくことは、むしろ当然だといえるでしょう。

問題は、世の中が新自由主義的なむき出しの競争社会に変容してきた中で広がっている「行き過ぎた成果主義」です。例えば、「働き方改革」で終業時間が明確に定められたにもかかわらず、それを過ぎたら自分のパソコンを開いて仕事をするようなことが珍しくありませんよね。

**池上**　そうしないと、成果を上げて競争に打ち勝っていくことができないから。

**佐藤**　時間をかけて量をクリアするだけではなく、仕事の質もシビアに問われますから、今のビジネスパーソンにのしかかるプレッシャーは、並大抵のものではないと思います。

**池上**　なのに、給料は増えません。労働生産性も伸びていませんから、睡眠時間を削ってまで頑張っていることが、はたして「成果」に結び付いているのかといえば、どうもそうではない。

同時に、各種の国際比較を見ても、日本人の仕事の満足度は、世界最低クラスなんですね。どうやら、自分の適性に合った仕事に就いている、やりがいを持って働いている、という人はそんなに多くないようです。

**佐藤**　そこで、あらためて狐の「捨て台詞」の持つ意味を考えてみたいのです。子どもの頃から心が折れるような競争にさらされ、社会に出てからも生きがいに乏しい人生を送り、最悪過労死のリスクに直面する。そんな世の中で生き延びていくためには、それにふさわしい思想が必要なのではないでしょうか。

**池上**　それを体現するのが、現代版の狐である、と。

**佐藤**　そうです。ところで、なぜ彼はわざわざ負け惜しみのようなことを言ったのでしょうか？　あの狐の言動は、心理学でいう「合理化」です。以前対談した精神科医の斎藤環さんの解説によれば、「フロイト的には『否認』で、受け入れ難い状況に際して心の平安を取り戻そうとする防衛機制の一つ」です。

**池上** ただ「悔しい」と引き下がるのではなくて、行動を正当化して、何とか自分を納得させるわけですね。

**佐藤** 現代版の「すっぱいぶどう」では、さらに一歩進んで、この自己正当化、合理化を全面的にポジティブな思考だと解釈すればいいのではないでしょうか。

**池上** 考えてみれば、人は口癖のように「困難に挑戦しろ」と言いますけど、無理なものは無理なのです。そういうものに拘って、いつまでもぴょんぴょん跳ねているというのは、人生の大事な時間とエネルギーの浪費だと割り切る。視野を広げて歩き回れば、おいしくて栄養のある食べ物が、意外に身近に見つかるかもしれないのですから。

**佐藤** 適性がないミッションには早々に見切りをつけて、新しいことを考える。それはいいかげんなことでも、惨めなことでもないのです。

**池上** 惨めどころか、「効率的な競争」を強いられる新自由主義の時代を生き抜いていく知恵と言っていいでしょう。

**佐藤** 賢い狐は、ぶどうなんかを食べても栄養にならないことに気がつきました。そして、「無駄な努力をしても意味がない」と自分に言い聞かせると、今度は鼠を探しに歩き始めました——。こんな再解釈はどうでしょうか。

# 2

# 競争社会のあさましさ
# 「蜘蛛の糸」

◎あらすじ

ある日、お釈迦さまが極楽の蓮池のほとりを散歩していると、はるか下にある地獄の血の池で、他の多くの罪人たちとともにもがいている犍陀多《かんだた》という男が見えた。犍陀多は生前、多くの凶悪な罪を犯した大泥棒だったが、たった一度だけ善いことをしていた。道ばたの小さな蜘蛛を、かわいそうだからと踏み殺さずに助けてやったのだ。

そのことを思い出したお釈迦さまは、彼を地獄から救い出してやろうと考えて、地獄に向かって1本の蜘蛛の糸を垂らした。するすると垂れてきた糸を見て、地獄から抜け出せると思った犍陀多は、それを摑んで一生懸命に上へ上へと登っていく。ところが、疲れて糸の途中にぶらさがって休憩していた犍陀多がふと下を見ると、まっ暗な血の池から、同じように蜘蛛の糸にしがみついて登ってくる何百、何千という罪人の姿が見えた。このままでは、重みに耐えきれずに糸が切れてしまうと思った犍陀多は、「この蜘蛛の糸はおれのものだ。下りろ、下りろ」と大声で叫んだ。

その途端、蜘蛛の糸は犍陀多がいる部分でぷつりと切れてしまい、彼は罪人たちといっしょに暗闇へと、真っ逆さまに落ちていった。この一部始終を上から見ていたお釈迦さまは、悲しそうな顔をして、またぶらぶら歩き始めた。

［「蜘蛛の糸」芥川龍之介］

## 芥川龍之介は、キリスト教を仏教に置き換えた？

**池上**　芥川龍之介の短編で、我々の時代から中学の教科書に載っている作品ですね。ぶどうを取ろうとして無駄な努力はしたけれど、また別の道を行くことができた狐に対して、こちらはせっかく抜け出せたと思った血の池、針の山の地獄に逆戻り。「自分だけ助かればいい」という利己主義の罪深さ、恐ろしさをこの作品で胸に刻み込まれた日本人は、少なくないはずです。

**佐藤**　どんな人間にもどこかにいいところ、仏教でいう「仏性」のようなものはあるのだ、ということも、ちゃんと描かれています。だからこそ、お釈迦さまは、殺人や放火を繰り返した極悪人にもかかわらず、「善いことをした報いとして、この男を地獄から救い出してやろう」と、わざわざ手を差し伸べました。

**池上**　そういう意味での人間の多様性が語られているために、業の深さも際立つわけです。まあ、何度読んでも悲しい物語ですけれど。

**佐藤**　ただ、龍之介には悪いのですが、この作品は今だったら剽窃が問題になったはずです。ドストエフスキーの『カラマーゾフの兄弟』に出てくる「一本の葱」という話に酷似していますから。

**池上**　葱が糸に変わったんですね。

**佐藤**　登場人物のグルーシェニカという女性が、「単なるおとぎ話だけど」と言って、次のような話を語ります。

昔あるところに、それは意地の悪い女がいて、死ぬまで善いことをしなかったため、死んだときに、悪魔に火の湖《うみ》に投げ込まれた。女の守護天使は、かつて女が野菜畑から一本の葱を抜いて乞食に与えたことを思い出し、神様に告げた。
神様は、「では、その葱を引き抜いて女につかまらせ、引っ張りなさい」と言った。そこで守護天使は、火の湖にいる女のところに行って葱を差し出した。それにつかまった女は、あと一歩というところまできた。ところが、女にしがみついた他の罪人たちを「これは私の葱」と言って、両足で蹴落とした。その途端、葱は切れた。女は火の湖に落ちて今日まで燃え続けている。

**池上**　確かにプロットは酷似しています。

**佐藤**　これだけ似た話が別々に生み出されたというのは、不自然でしょう。時代的な前後関係から考えて、龍之介の方が「参考」にしたのだと思います。

**池上**　たまたま読んだ龍之介の心に、深く刺さった。だから、キリスト教の世界を仏教に置き換えて書いたのかもしれません。

**佐藤**　そのくらい、人間の普遍的な業みたいなものに触れた物語だとみることはできると思います。

**池上**　それは言えますね。

## 進む寡占化、失われた「再配分の思想」

**佐藤**　でも、細い糸にすがる犍陀多の立場になったとしたら、あとから追いかけてくる罪人たちを振り落とそうとするのは、すぐれて合理的な行動ですよね。他者を思いやって、細い蜘蛛の糸が切れたら、元も子もないのですから。それに対して、お釈迦さまの救済というのは、まことに非合理です。

**池上**　地獄に蜘蛛の糸なんか垂らせば、そうなることはわかっていたでしょう。(笑)

**佐藤**　結局、お釈迦さまの掌の上で踊らされたような話なのだけれども、これはキリスト教の「カルヴァンの予定説」に、深いところでつながっているようにも感じられます。予定説というのは、簡単に言うと、神の救済を受けられるかどうかは生まれる前から決まっていて、この世で多少の善行を施したからといって、変えられるものではない。救済されるのは、一部の選ばれし者に限られる、という思想です。

**池上**　だとすると、善いことをしてもしなくても同じじゃないか、と普通は考えるのだけれども。

**佐藤**　そのように思った瞬間、その人は選ばれし側の人間ではなくなります（笑）。選ばれた人の発想はどのようなものかというと、自分の力は神から授かったものなのだから、お返ししなければいけない。とはいえ、神にダイレクトに返すことはできないので、周囲の人たち、隣人に無償で与えよう、ということになるのです。

人間には、能力差があって、それは例えば金儲けにおいても同じ。だから、金を儲けた人間は、どうやって再配分しようか、ということを真剣に考える。

**池上**　例えば欧米の資産家は、富の社会への還元ということに腐心しますよね。

**佐藤**　予定説に無関係な日本の中小企業の経営者などでも、自分は借金してでも従業員にボーナスを支払うような人が、けっこういるでしょう。だから、この再配分の考え方は、実は人間たちの中に埋め込まれた思想でもあると思うんですよ。宗教的なものが、ある程度世俗化されたかたちで刷り込まれているのです。

**池上**　でも、新自由主義の荒波が押し寄せた結果、やはり世界の景色は変わってしまいましたよね。そういう再配分の思想を一顧だにしない人たち、「儲けることこそすべて」という人間たちが、巨大な権勢を振るうようになり、あれよあれよという間に、僅か数人が地球上の富の大部分を握るような状況が生まれたわけです。

**佐藤** 「選ばれし者」ではなかったはずの犍陀多は、新自由主義の時代になると、権謀術数の限りを尽くして迫ってくる人間たちを地獄の底へ蹴落とし、自分は首尾よく蜘蛛の糸を登り切って、極楽にたどり着きました。そうなると、さしものお釈迦さまも手に負えない。優雅な蓮池は、犍陀多が儲けるための養殖池に変えられてしまいましたとさ。(笑)

**池上** 一方で、血の池地獄で浮きつ沈みつしている人たちが浮上するのは、ますます困難になりました。

**佐藤** 必ずしも富の話ではないのですが、そういう格差の固定化というか、マーケットの寡占化がわかりやすく進んだのが、テレビをはじめとするメディアの世界だというのも、私の問題意識なんですよ。

**池上** ほう、どんな状況を指しているのですか?

**佐藤** 追随してくる若手に、その場を頑として明け渡さない人っていますよね。たとえば、いくつになっても「若者代表」のスタンスでテレビのコメンテーターとして出演し続ける人などがいる。長きにわたってその立ち位置には、代わる人間がいなかったともいえますが、代わろうとする人間を蹴落としてきたのかもしれないなと想像したりしています。

で、いったん寡占化が起こると、そのポジションに割り込んでいくのは、至難の業ということになりがちです。

そういう意味では、「池上彰」のポジションも盤石ですね。余人をもって代えがたしで。

**池上**　いやいや、私は決して他人を蹴落としたりはしていませんよ。(笑)

## 頑張る時は下を見ない

**佐藤**　この物語では、犍陀多には、這い上がるチャンスは1回しかありませんでした。

**池上**　逆にいえば、底辺から脱出するチャンスが1回は与えられたわけですね。現代においても、格差社会の下で厳しい状況を余儀なくされていたとしても、それを変える機会が未来永劫訪れないかというと、必ずしもそんなことはないと思うのです。

**佐藤**　重要なのは、そのチャンスを逃さないことですね。狐がぶどうの木ではなく鼠を見つけたなら、しゃにむに追いかけて確保しないといけない。この場合は、死に物狂いになって目標達成まで頑張る必要があるわけです。

**池上**　犍陀多の脱出劇は、たまたま目の前に垂れてきた蜘蛛の糸に、これ幸いとつかまって登ったという経緯でした。もちろん、偶然訪れるチャンスもあるのだけれど、日頃からそれをうかがって、いろいろと仕掛けておく。チャンス到来と見たら、すぐに行動に移れるような準備を怠らないことも大事になるのではないでしょうか。

**佐藤**　犍陀多は、自らと同じ境遇の人間たちを見捨てる行動に出て夢を断たれたわけですが、それ以前の問題として、つい下を覗いてしまったのが痛恨のミスでした。

**池上**　なるほど。極楽に行けることを信じて、ひたすら上を見て登っていけばよかったのに、なまじ足元を見たばっかりに、厳しい現実が目に飛び込んできた。それで、「やっぱりだめだ」と諦めてしまうこともあるかもしれません。

**佐藤**　本気でステップアップを図ろうという時に、あえてネガティブな現実を見るようなことをしても、あまりいい結果には結びつかないことが多いのです。そういうことも、この話からリアルに学ぶ必要があるでしょう。

**池上**　それにしても、血の池地獄に落ちた人間たちは、一人残らず重罪人ですから、そういう境遇になったのは因果応報、自業自得とも言えます。しかし、奨学金という名の「学生ローン」を背負わされ、社会に出るやいなやその返済に追われるような現代の若者に、全く罪はありません。

**佐藤**　「親ガチャ」なんていう言葉が生まれる理不尽な状況の中で、みんなが必死です。おっしゃるように、それは自分に責任があるのではなく、世の中がおかしいんだということをしっかり認識しておく必要があります。そのうえで、身をかわすべきところは上手にかわし、チャンスと見たら食らいつく。そうやって、理不尽さに、一方的に押しつぶされないようにしなくてはなりません。

# 3

# インフルエンサーと大衆
## 「兎と亀」

◎あらすじ

兎と亀のどちらが速いのか、動物仲間の間ではずっと問題になっていた。そこで、実際に競走してみようということになる。競走が始まると、亀と競っているのが馬鹿馬鹿しくなった兎は油断して居眠りを始める。その隙に亀は兎を抜き去って、競走に勝った。

動物たちに勝因を尋ねられた亀だったが、うまく返答できなかったため、海亀のところに聞きに行った。海亀は、「それは、お前の足が速いからだ」と答える。そこで亀は、友人たちにその言葉を繰り返した。友人たちも、「なるほど、そうか」と聞いていた。

しかし、実際に足の速いのは兎だった。そのことが後世に伝わらなかったのは、実際に競走の様子を見ていた動物たちが、後に起こった森の大火事でみんな焼け死んでしまったからだった。火事が起こった時、兎や亀やその他5、6匹の動物は、森の外れの禿山にいて、いち早く火の手が上がるのを発見する。そして、森の中の仲間たちに知らせに行くには誰がいいか相談した結果、選ばれたのは「最も足の速い」亀だった。そこにいた動物たちは、競走を見ておらず、兎に勝った亀の話だけを聞いていたのだ。

［「兎と亀」イソップ］

## 知られざる驚愕の「後日談」

**佐藤**　ここで取り上げるのは、アイルランドの小説家で、軍人でもあったロオド・ダンセイニ作、菊池寛訳の「兎と亀」です。

**池上**　我々が知っているイソップ寓話の「兎と亀」は、兎が足の遅い亀をさんざん馬鹿にするのだけれど、じゃあ実際に競走してみようということになったら、油断して途中で居眠りしたために亀に負けてしまう。人生、油断は大敵なのです、というお話です。

**佐藤** 亀のように一途に最後まで頑張れば、いい結果に結びつく、というのも教訓になっています。童謡に歌われた「もしもし亀よ」のストーリーですね。

**池上** でも、この話はそれとはかなり違って、「後日談」があるのです。しかも、そちらの方が「大きな話」になっている。主題は、兎の油断がどうこうというレースそのものよりも、その後の亀や周囲の動物たちの勘違いで、このことが惨事を招いてしまったことです。

**佐藤** イソップでは、〝兎対亀〟の個人戦の様相が強いのですが、ダンセイニ版では、それぞれに応援団がたくさんいて、彼らがはやし立てて両者を競わせることになります。

**池上** とはいえ、兎の方は、初めから亀との競走などに乗り気ではないんですね。

**佐藤** それで、レース中にもかかわらず、どんどん不貞腐れていく（笑）。最後は、油断というよりも試合放棄に近い形で敗北するわけです。加えて、その一部始終を見ていたギャラリーたちは、おっしゃるように山火事で残らず焼け死ぬことになります。

**池上** 最初にもお話ししたように、基になる民話などが様々に枝分かれして、いろんなバージョンの童話になることもあるわけです。調べてみたら、この「兎と亀」にもいくつか「変種」があって、例えば、道の脇の藪の中を走っていた亀を兎はなかなか引き離すことができずに、ゴールを見たらすでにそこにいた、という話があるんですね。実は藪の中に見えていたのは、みんな亀の家族だった。(笑)

**佐藤**　その童話から得られる教訓は、どのようなものなのでしょうか。注意力を欠いた兎の間抜けさ、まんまと相手を騙した亀のずる賢さ、カラクリを見破られたときのリスクを恐れない家族愛……。

**池上**　いずれにしても、登場するのは同じ兎と亀なのに、全部全く違う話になっているというのが意外というか、興味深いと思います。

## 性格に難ありの兎と亀

**佐藤**　ダンセイニ版「兎と亀」では、今もお話ししたように、兎は最初から不機嫌丸出しで、当日もレース前から盛り上がる周囲に無言を貫きます。あまりの態度に、兎の応援団の一部が亀に鞍替えしたくらいでした。亀のことを馬鹿にして挑発したイソップのわかりやすい兎に比べると、ずいぶんひねくれた性格をしています。

**池上**　一方の亀は、「この競走は大丈夫、私の勝ですよ。私は兎みたいにしりごみなどはしませんよ。」と、自信満々に言ったりして、喝采を浴びていました。亀をめぐっては、こんな面白い記述があります。

そして「しっかり走れ」という言葉を、定り文句のように、皆は口々にくりかえしました。

「しっかりした甲良を持って、しっかり生きている——それは国のためにもなることだ。しっかり走れ。」

彼等は叫びました。こんな言葉は、動物たちが心から亀を喝采するのでなければ、どうして言うことが出来ましょう。（「兎と亀」ロオド・ダンセイニ、菊池寛訳）

亀は、他の動物たちからずいぶん信頼を得ていたわけですね。

**佐藤** 兎相手のかけっこなんて、どう考えても勝ち目がないのに自信満々な亀も亀なら、それに拍手を送る「皆」も相当問題ありではないでしょうか（笑）。このあたりは、「後日談」の伏線になっているのかもしれません。

しかもこの亀の方も、決して真っすぐな性格とは言えないようです。「走力を競う」

勝負なのだから、居眠りしている兎を見つけたならば、少なくとも一声かけないとフェアとは言えないでしょう。

**池上**　しめしめと思ったかどうかはわかりませんが、動かない兎をスルーして勝利をつかみ取りました。シビアに勝負に徹した、と言えるかもしれませんが。

**佐藤**　自分が亀だったら、本当に嫌な奴だったり、フェアプレーに徹するのかどうか、相手を見て決めるかもしれません。本当に嫌な奴だったり、仕事や生活の邪魔になるような人間だったりしたら、敵失を誘って一泡吹かせる、できることなら目の前からいなくなってもらうというのは、それこそ生き残る知恵の一つです。

**池上**　周囲に佐藤さんのような行動を見ていて、評価を下すギャラリーがいるのかどうかにも、注意を払う必要があると思います。

**佐藤**　それも重要なことです。

兎と亀の勝負ということに関して言えば、兎の敗因は、やはり「こんな奴、相手にできるか」という慢心です。それがあったために、ミッションの目的をきちんと理解することもできていなかった。彼は、途中で亀が追ってこないのを見て、何度か走るのをやめました。それぞれのプロセスにおいては、常にリードしていたにもかかわらず、ゴールに先に到達していなければならない、という肝心のところがわかっていなかったから、結局成果は全部亀のものになってしまったわけです。

**池上** 亀のことを見下しながら、実は兎はゴールではなく、亀しか見ていなかったわけです。目的がはっきりしないまま突っ走ることの怖さですね。この場合はスピード勝負でしたけど、道そのものを間違える危険性もあるでしょう。

## 事実誤認をスルーさせる人任せの空気

**佐藤** そして物語は後半へ、ということになるのですが、ここでキーマンである海亀が登場します。

**池上** 動物たちに「競走に勝った時の気持」を聞かれた亀が、うまい答えが思い浮かばなかったために、海亀のところにおうかがいを立てに行きます。こんな状況でわざわざ訪ねるのですから、普段から海亀は陸亀の「師」のような存在だったのでしょう。

**佐藤** でも、ヒーローインタビューの受け答えのアドバイスを受けに行くというのも、不思議な話です。つまり、亀の方も走ることに懸命で、勝負の意味がよくわかっていなかったんですね。兎がミッションを理解していなかったと言いましたが、亀も似たり寄ったりでした。

で、師に「やっぱり、お前の足が早いから、名誉の勝利を得たのさ。」と言われて、初めて「そうなんだ」と納得した。海亀のところから戻って、堂々と「私の脚力が勝りました」とインタビューに答えた亀の言葉に、周囲の動物たちも納得したのです。

**池上**　その動物たちの反応は、以前佐藤さんが雑誌で対談した時におっしゃっていた、ドイツの哲学者ユルゲン・ハーバーマスの言う「順応の気構え」によるものかもしれませんね。

**佐藤**　まさにそうだと思います。与えられた情報を検証して、正しいかどうかを判断する能力は、我々にはある。しかし、個々の情報についてそれをやるには、ものすごい時間とエネルギーが必要だ。だから、とりあえず自分が理解できないことは専門家などの誰かが説明してくれるのを聞いておけばいいだろう、という「順応の気構え」が出てくる――。ハーバーマスは、『後期資本主義における正統化の問題』で、そのように述べました。

**池上**　このケースでは、海亀がその専門家の役割を果たしました。

**佐藤**　亀が兎とのかけっこに勝った。俄かには信じ難い情報がもたらされて、なぜなんだと思っているところに、海亀が「実は亀は足が速かったのです」と。それを「なるほど」とみんなが疑いを抱くことなく、受け入れたわけですね。

**池上**　亀が勝ったという事実を、すっきり説明してくれましたから。

**佐藤**　ここで重要なのは、海亀が信頼される存在だったことです。誰もが知る大ぼら吹きの言うことだったら、その発言は相手にされることはなかったでしょう。ただし、信頼されてはいたのかもしれないけれども、この件については、明らかに事実誤認を犯しました。「亀は兎よりも足が速い」というのは、海亀が作った物語にほかなりません。

**池上**　そもそも、この海亀は、競走の現場を見ていないのです。海にいたのですから（笑）。亀が勝ったと聞いて、勝手に「足が速かったから」と解釈したのでしょう。

**佐藤**　インテリジェンス分析としてまとめると、この勝負の結果は、兎の慢心、仕事に対する不真面目な姿勢がもたらしたものだったにもかかわらず、亀の実力だったと海亀が誤認した。のちに訪れた有事に際し、周囲がその海亀の評価を基に判断を下したために、全滅の憂き目に遭ってしまった——。こういうことになると思います。

**池上**　太平洋戦争末期の「台湾沖航空戦」みたいな話ですね。台湾を空襲したアメリカの機動部隊を日本の基地航空部隊が迎撃したのですが、日本側がアメリカ海軍を壊滅させるような戦果があったと誤認したのです。それがその後の戦局に大きな影響を与えて、甚大な犠牲を生みました。まあ、今でもこの手のことは珍しくありません。

**佐藤**　例えば、普通の細胞にちょっとした外的刺激を与えたら、STAP細胞という新しい万能細胞ができました。世界的に権威のある科学雑誌に掲載されたし、間違いありません、というような話ですね。

**池上**　なぜできたのか、プロセスはイマイチよくわからないのだけれど、天下の理化学研究所が大々的に発表したのだからと、その存在を最初は誰も疑いませんでした。「フェイクニュース」にみんなが騙されたわけです。

## 現場を見ることの大事さ

**佐藤**　海亀が誤認したことをみんなが信じたために惨事になってしまったわけですが、もしそういうことが起こらなかったとしたら、いまだに動物たちは海亀の「神話」を信じていたはずです。火事になって初めて、「亀は兎より足が速い」というのは、どうやら正しくない、と気づいた。

**池上**　ああ、確かにそうですね。

**佐藤**　こういうことも、洋の東西を問わず枚挙にいとまがないわけで、しかるべき分野で多大な業績を上げ、聖人君子とうたわれていた人物に、おぞましいセクハラやパワハラの事実が発覚したりする。

**池上**　そうすると、文字通りの〝炎上〟です。

**佐藤**　現代は、ネット空間で「火事」が起こるわけです。今のＳＴＡＰ細胞の件にしても、研究者の過去の杜撰な論文だとかが、インターネットで簡単に検証できるような環境になかったら、あんなに大ごとにはならなかったのではないでしょうか。

**池上**　少なくとも、問題発覚までもっと時間がかかって、そのうちに忘れ去られていたかもしれません。

**佐藤**　海亀は、現代で言えば、さしずめインフルエンサーだと思うんですよ。

**池上**　なるほど。彼や彼女たちはそれなりの信用と権威を備えていて、その発信は世の中に大きな影響を与えることがあります。

**佐藤**　現代の海亀は、ガーシー元参議院議員とかでしょうか。誤解なきように言っておけば、彼らを含めたインフルエンサーが、揃ってフェイクニュースの使い手だなどというのでは、もちろんありませんよ。

**池上**　中にはそういう人もいるかもしれない、ということですね。（笑）

**佐藤**　ネット社会で力を持つインフルエンサーは、いつの間にか有識者の一人になっていきます。ロシア語もウクライナ語もできず、現地事情にも詳しくないのに、テレビや書籍でウクライナ戦争を堂々と語る「専門家」のように、大学に身を置きながらインフルエンサーのようになっていく人も、最近は珍しくないのですが。

**池上**　ただ、曲がりなりにも学者になるには、たくさんのハードルを越えていく必要があるでしょう。インフルエンサーというのは、極端な話、パソコンやスマホがあれば、誰でも名乗ることが可能です。

**佐藤**　そう、参入障壁は低いのです。一方、カリスマと呼ばれるようになるには、それなりの努力が必要だし、浮き沈みも激しいわけですね。そして、沈まないで耐えた人物による寡占化が起こる。

**池上**　そういう人たちの発信する情報を、「順応の気構え」で受け取るのは、やはり危険です。本当に信頼できるものなのかどうか、よく見極めないと。

繰り返しになりますが、海亀の誤認は、事実をその目で確かめていないことで起こりました。現代のネット社会においても、海亀がちゃんと陸まで出てきて、現場を確かめているのかどうかのチェックが不可欠です。

## 4
# 兎は文春砲？　許してくれない「世論」の恐怖
## 「かちかち山」

◎あらすじ

昔あるところに、おじいさんとおばあさんが住んでいた。ある日、仕掛けておいたわなに、畑を荒らす古だぬきがかかる。おじいさんは、縛り上げて担いで家へ帰り、天井の梁にぶら下げて、また畑へ出かけた。ところが、おばあさんはたぬきに殺されて、「ばばあ汁」にされてしまう。それればかりか、おじいさんが化けたたぬきに騙されて、それを食べてしまった。おじいさんが泣いているところに、裏山に住む白兎がやってきて、かたき討ちを約束する。

まず、栗を欲しがるたぬきに、「柴を向こうの山まで背負っていったらあげよう」と言い、後ろを歩きながら、背中の柴に火をつけた。あくる日、火傷を負ったたぬきの見舞いにきた兎は、唐辛子みそを薬だと偽って、たぬきの背中に塗りたくる。最後は、たぬきを海に誘い、土の舟に乗せて沖へ出る。土は崩れ、たぬきの乗った舟は沈み始めた。「助けてくれ」と慌てるたぬきをおもしろそうに眺めながら、兎は「おばあさんを殺して、おじいさんにばばあ汁を食わせた報いだ」と言った。たぬきはとうとう沈んでしまった。

［「かちかち山」楠山正雄］

## 本当は恐ろしい日本の民話

**池上**　我々が今回あらためて読んだのは、大正・昭和期の児童文学者、演劇研究家の楠山正雄の手による「かちかち山」です。おじいさんの留守に、おばあさんを殺して「ばばあ汁」にしちゃう。それだけで気持ちが悪くなるのに、長年連れ添ったおじいさんに食べさせてしまうというのですから。グリム童話だけではなく、日本の民話も相当恐ろしいんですね。

子どもに読み聞かせる絵本の世界では、さすがに強烈過ぎるということで、多くは、おばあさんに改心を誓って縄を解かれたたぬきは、そのまま逃亡。ラストも、泥の舟もろとも沈みそうになったのをギリギリで助けられて、たぬきは今度こそ悔い改めました、といったストーリーに改変されています。

**佐藤**　多くの日本人が、「かちかち山」といえば、火のついた柴を背負って慌てるたぬきと、泥舟のシーンを思い浮かべるのは、そのためでしょう。ちなみに、テレビアニメの『まんが日本昔ばなし』では、おばあさんは、「汁」にはされないものの、殺されてしまいます。泥舟に乗ったたぬきは、溺れ死んで、ジ・エンド。

**池上**　元の話のように、前半の「事件」の残虐性、被害者の悲惨さを強調するのは、刑事ドラマなんかと同じですね。「胸のすく」後半への伏線なのでしょう。

帰宅したおじいさんは、たぬきが化けたおばあさんの給仕で、「ばばあ汁」に、「おいしい、おいしい」と舌つづみを打って、お代わりまでする。それを見たたぬきは、やおら正体を現して、「ばばあくったじじい、流しの下の骨を見ろ。」と。何もそこまでやらなくてもいいのに。

**佐藤**　何らかの事情で、おじいさんが帰ってくるまで家から出られない状況にあったとしたら、あえて「ばばあ汁」を作ることに合理性はあるのです。おばあさんに化けただけでは、たぬき汁を楽しみに帰ってくるおじいさんに対して、説明がつきませんから。

**池上** たぬき汁の代替品を作った。

**佐藤** その場合は、自分が生き残るための緊急避難と言えるのですが。

**池上** でも、お代わりまでさせる必要はないでしょう。(笑)

## 週刊誌報道に似る兎の残虐性

**佐藤** 一方、相手をひと思いに殺したりせずに、段階的に苦痛を与える兎のサディストぶりも、なかなかのものです。

**池上** まずは栗をエサにたぬきに柴を背負わせ運ばせて、それに火をつけるわけですが、これもご丁寧にふた山越えさせてから、ようやく「かちかち山」で決行するんですね。熱さに苦しがって、転げ回るように穴に駆け込んだたぬきに聞こえるように、「火事だ、火事だ」と大声で叫んで、兎は自分の仕業であることを隠蔽しました。

**佐藤** 翌日、兎がたぬきの巣穴に持参したのは、味噌に唐辛子をすり込んだ「膏薬」でした。これは、後で出てくる「因幡の白兎」と同じパターンですね。この場合の被害者は、皮肉にも兎で、サメを騙したため皮を剝がされたところに通りかかった意地悪な神様たちに、「海水を浴びて風に当たれ」とアドバイスされるわけです。

**池上**　そんなことをすれば、傷が悪化するのは目に見えています。でも、「かちかち山」のたぬきが受けた苦痛は、おそらくそれを上回るものだったでしょう。

「たぬきさん、たぬきさん。ほんとうにきのうはひどい目にあったねえ。」

「ああ、ほんとうにひどい目にあったよ。この大やけどはどうしたらなおるだろう。」

「うん、それでね、あんまり気の毒だから、わたしがやけどにいちばん利くこうやくをこしらえて持って来たのだよ。」

「そうかい。それはありがたいな。さっそくぬってもらおう。」

こういってたぬきが火ぶくれになって、赤肌にただれている背中を出しますと、うさぎはその上に唐がらしみそをところかまわずこてこてぬりつけました。すると背中はまた火がついたようにあつくなって、

「いたい、いたい。」

と言いながら、たぬきは穴の中をころげまわっていました。うさぎはその様子を見てにこにこしながら、
「なあにたぬきさん、ぴりぴりするのははじめのうちだけだよ。じきになおるから、少しの間がまんおし。」
（「かちかち山」楠山正雄）

**佐藤** ただの塩水と違って、唐辛子味噌ですからね。そして最後が、海の沖合で足元がだんだんとけていくという恐怖を味わう泥の舟です。相当な怒り、恨みがないと、ここまではやれないでしょう。

**池上** 全体のストーリーとしては、「悪いことをしたら、懲らしめればいい」という、ある意味単純なものです。

**佐藤** 因果応報。しかも、謝っても許してもらえないこともある。そういうこともあるのだということは、大事な教訓として子どもの頃から覚えておくべきものだと思います。ただ、ここで私が非常に謎だと思うのは、そこまでやる兎は、復讐劇の発端となった事件の当事者でも何でもないということです。

**池上** そうですね。特におじいさん、おばあさんに恩があるといった背景も読み取れま

せんから。家の近くに住む顔見知りみたいな存在でしょう。

**佐藤**　そんな兎が、たぬきにここまで執拗かつ陰湿な責め苦を与えたうえに、「もう悪事は働かないから、助けてくれ」と自分を拝みながら海に沈んでいくのを、冷徹に見届けるわけです。

当事者性がまったくないのに、わがことのように怒り、「犯人」に殺意まで覚えるという点で、兎は世論に置き換えることができるかもしれません。世論は、「かちかち山」型の問題解決を好みますよね。それを後ろ盾にしているのが、週刊誌メディア。

（笑）

**池上**　著名人などが不祥事を起こすと、謝ろうが何しようが、二の矢三の矢を次々に放って追い詰めていきます。当該事案と無関係のプライバシーまで暴いたりして、立場を失うまで許さない。

**佐藤**　死んだも同然になるまで、火傷の上に唐辛子味噌を塗りたくるわけです。それで、本当に死んでしまう人もいるのだけれど。

残虐行為を働いたたぬきに当事者に代わって復讐する兎は、「正義の味方」です。でも、俯瞰してその行動を眺めてみると、なかなかにグロテスクな存在とも言えるのではないでしょうか。その姿は、気がつくと周囲と一緒になってターゲットにバッシングを浴びせている誰か、もしかしたら自分と重なるのかもしれません。

**池上** 冷静にそうしたことを考えてみるのに、いい教材だとは思います。ただ、それにしても、この「かちかち山」の読後感は、いまひとつすっきりしません。考えてみれば、「文春砲」も、乗っかって騒いでいるうちはよくても、胸のつかえが下りたというような結末は、多くないような気がしますよね。

# 第二章

# 競争社会の作法

# 5

# 「ほっこり」の中に貫かれるシビアな商品経済の論理

## 「手袋を買いに」

◎あらすじ

狐の親子が住む森に、寒い冬がやって来た。お母さん狐は、子狐のために手袋を買ってあげようと考える。しかし、お母さん狐には、かつて人間に追いかけられた怖い思い出があり、町に歩を進めることができなかった。

そこで、子狐の片方の手を人間の子どもの手に変え、一人で買い物に行かせることにした。子狐には、「人間に怪しまれないように、店では必ず人間の方の手を出すように」と言い聞かせた。「どうして?」と聞く子狐には、「狐だとわかれば、捕まって檻に入れられてしまう。人間は怖いものだから」と念を押していた。

ところが、子狐は細く開いた店の扉の間から、間違って狐の手を差し出してしまう。お客の正体に気づいた店主だったが、子狐の持ってきた硬貨が木の葉などではなく本物だとわかると、黙って子狐の手に合う手袋を差し出してくれたのだった。

心配して待っていたお母さん狐とともに帰る道すがら、子狐は「人間はちっとも怖くない」と話した。「どうして？」と尋ねるお母さん狐に、子狐は、「だって、間違って狐の手を出した僕に手袋を売ってくれたんだよ」と、いきさつを説明するのだった。

**［「手袋を買いに」新美南吉］**

## 動物が身近にいた世界

**池上**　この作品は、作者の童話作家、新美南吉が亡くなった直後に刊行された『牛をつないだ椿の木』という作品集に収録されたのが初出です。1943年ですから、日本は戦時中でした。

**佐藤**　そうですね。

**池上**　小学校の国語の教科書にも載っていましたよね。強く印象に残っている理由は、この物語のお芝居を小学生の時にやらされたからです。

**佐藤** 何の役だったのですか?

**池上** 相手が狐だとわかっていながら手袋を売ってあげる、優しい帽子屋さん(笑)。

**佐藤** 優しいの前に、狐の手がぬっと伸びてきても、驚かなかったんですね。そういう設定にしても、不自然ではなかった時代に書かれた物語だったわけです。

**池上** 身近に狐がいて、人々が実際に目にする機会も多かった。

**佐藤** そういうことだと思います。かつての日本は、本当に自然が豊かで、狐以外にも身の回りに様々な野生動物などがいたからこそ、動物と語ったり、いろんなやり取りをしたりする物語がたくさん作られたのでしょう。

**佐藤** 逆に言えば、戦後の高度成長の中でそういう環境が失われて、動物が遠い存在になりました。だからイノシシが山から出てきたりすると、大騒ぎになるわけです。まあ、今でも山間部に行けば、イノシシの子どもが目の前に出てきても、みんな「あ、ウリ坊だ」って平然としているようなところもありますが。何もしなければ、危害を加えないのがわかっているから。

**池上** かつて赴任していた島根県では、松江の市街地でも夏になるとウシガエルの大合唱でした。

**佐藤**　あれは鳴き声が大きいんですよね。

**池上**　ウォウウォウという感じで、凄まじかった。ウシガエル自体は特定外来生物ですが、松江の市街地にも、彼らが棲むような環境があったわけです。

**佐藤**　おっしゃるように、比較的近くに狐との接点があったような時代と今とでは、同じ新美南吉を読んでも、受け止め方はずいぶん違ってくるのでしょうね。

**池上**　そうだと思います。

**佐藤**　新美南吉には「ごんぎつね」という名作もありますけど、狐というのは、普通はずる賢いイメージで描かれますよね。

**池上**　たぬきは、悪さはしてもどこか間抜けというか、愛嬌のある感じ。これも「かちかち山」のたぬきは、ちょっと違うわけですが。

**佐藤**　狐は、良く言えばそつがない。

**池上**　アメリカに、「フォックス」っていう名字があるでしょう。だから「ＦＯＸニュース」があるんだけれど、何か悪だくみをしているテレビ局じゃないかと疑われないのでしょうか。（笑）

## そこにあるのは「優しさ」だけではない

**佐藤**　この話の「陰の主人公」は、まさに池上さんが演じた帽子屋さんですよね。彼が、店に来たのが人間ではないとわかっていたにもかかわらず、子狐を追い返したりせずに手袋を売ったことで、狐の人に対する見方が変わったわけです。

**池上**　ただ、今読み返してみると、単純に「優しい人」だったのかどうかは、大いに疑問だと思うのです。小学生の頃は、純粋にそう思ってやっていたんだけれど、考えてみると、彼はしっかり対価を受け取っているんですよね。（笑）

**佐藤**　そうですね。勇気を振り絞ってやって来た子狐に、「はいよ」とあげたわけではありません。

**池上**　身も蓋もない言い方をすれば、儲かるのならば、売る相手は誰でもよかったということなのです。

**佐藤**　恐ろしいのは人間ではなくて、その場で完結している「商品経済の論理」かもしれません。事実、帽子屋さんは、買いに来たのが狐だとわかると、木の葉で騙し取ろうとしているんだと勘ぐって、「先にお金を下さい」と露骨な催促をするわけです。

**池上**　そうそう。（笑）

**佐藤**　子狐が、握ってきた二つの白銅貨を渡すと、カチカチやって本物の硬貨であることを確認し、ならばと手袋を売った。逆に、人間の子どもがお金を持たないでやって来て、「手が冷たくて仕方ないから、手袋をください」とお願いしても、売り物は渡さなかったでしょう。金を持っている狐のほうが、持っていない人間よりも上だ。

**池上**　新自由主義以前の古典的な資本主義経済の論理が、見事に貫徹されている。（笑）

## 母の独白が教えるもの

**佐藤**　ここで、さすがに生きている時間の長いお母さん狐は違うと思わせるのは、1回の体験で「人間はいい生き物だ」と決めつけた子狐に対して、彼女は必ずしもそうではないのですね。「手袋を買いに」は、母子のこんなやり取りで終わります。

「母ちゃん、人間ってちっとも恐かないや」

「どうして？」
「坊、間違えてほんとうのお手々出しちゃったの。でも帽子屋さん、掴まえやしなかったもの。ちゃんとこんないい暖い手袋くれたもの」
と言って手袋のはまった両手をパンパンやって見せました。お母さん狐は、
「まあ！」とあきれましたが、「ほんとうに人間はいいものかしら。ほんとうに人間はいいものかしら」とつぶやきました。

（「手袋を買いに」新美南吉）

お母さん狐は、最後に「いいものかしら」という反語を繰り返しています。かつて自らが追い掛け回された経験にも照らして、1回や2回親切にされたからといって、人間を甘くみてはいけない。

**池上** 家に帰ってから、子狐にそういう話を言って聞かせるのかもしれません。

**佐藤** 文学作品としてみた場合にも、このお母さん狐の独白によって、物語にぐっと奥行きが生まれています。

**池上** そうですね。「人間は、とってもいいものでした」では、あまりにも平板なもので終わってしまいますから。

**佐藤**　めでたし、めでたしで終わらせていないところが、新美南吉の力なんですね。

**池上**　逆に、子狐にお説教するところまでは書いていません。

**佐藤**　そうです。書き過ぎもしていない。なのに、短い母親の独り言は、これから子狐が生きていく中で起こり得ることまで想像させるわけです。これは、我々ノンフィクションを手掛ける人間も心すべきことで、人に何か伝えようと思ったら、書き過ぎないことが大事です。一種の余韻を残したほうが、実は深く伝わることがあるわけです。

**池上**　狐からすると、自分たちを追い回す怖い人間。とりあえずお金を持っていけば、差別しないで物を売ってくれる優しい人間。そういう二面性というか、多様性が描き出された作品でもあります。

# 6

## 差別と道理とお金をシンプルに教える
## 「山ねこおことわり」

◎あらすじ

タクシー運転手の松井さんは、ある日、町で若い男性客を乗せた。行き先を聞いた松井さんに、男は「言う通りに行ってください」と答える。その指示通りに、山のほうに向かって車を走らせていたが、松井さんはそのうちどこを走っているのかわからなくなってしまう。不安を覚えて、ふとバックミラーをのぞくと、後部座席に座っていたのは、なんとネクタイを締めた山猫だった。

慌てて車を止め、「おりてくださいよ‼」と言う松井さんに、山猫は「この車のどこにも〝山ねこ、おことわり〟とは書いてなかったですよ」と反論するのだった。聞けば、この山猫は医者で、病気の母親を診に行く途中だという。山猫の言うことをもっともだと思った松井さんは、そのままタクシーを走らせた。

［「山ねこおことわり」あまんきみこ］

## 「異質なものはおことわり」の論理

**池上**　児童文学作家あまんきみこさんの創作童話です。発表されたのが1977年と比較的新しい作品なので、知らない人も多いのではないでしょうか。

**佐藤**　小学校4年生の国語の教科書にも採用されていますから、若い世代の認知度のほうが高いかもしれません。

**池上**　タクシー運転手の松井さんが、たまたま乗せた客が山猫だったことを知って、最初は拒絶反応を示すのだけれど、彼の筋の通った話と「人間らしさ」に徐々に共感を覚えていく。要約すれば、そういうほのぼのとしたお話なのですが、この作品も佐藤さんの強い推しがありました。

**佐藤**　小学校の教科書に載るくらいですから、短編の易しいお話です。でも、この中に、すぐれて現代的なテーマが凝縮されて示されていると思うのです。

若い男だとばかり思っていたのが、実は山猫だったということを松井さんが知ったシーンは、次のように描かれています。

バックミラーの　なかの　男の　かおに、こげ茶の　しまの　毛が　はえていました。

金いろの　目、しめった　黒い　はな、はりがねのように、ぴんと　よこに　はった　ひげ……。

なんと、ネクタイを　しめた　山ねこだったのです。

松井さんは、力いっぱい　ブレーキを　ふみました。もうもうと　土ぼこりを　あげて、車は　とまりました。

「おりてくださいよ!!」

松井さんは　ふりむかないで　いいました。声まで　ふるえそうなのを、やっと　こらえていたのです。

（『山ねこおことわり』文・あまん きみこ、絵・北田卓史、ポプラ社）

後部座席に山猫がいたら、それは驚くでしょう。だから、いきなり車を止めて「降りてくれ」という態度をとったのですが、そのとき松井さんの頭の中を占めたのは、「排除の論理」にほかなりません。

**池上**　とにかく自分と「異質」な存在には、ここにいてほしくない。だから、無意識のうちにそういう行動に出たわけですね。

**佐藤**　でも、山猫を乗せたのは、松井さん自身です。話の後半で、山猫は普段は人間の姿をして医者として働いていることも明らかになりますから、ことさら松井さんを騙して乗車したわけでもありません。

**池上**　まして、タクシー強盗を企んだわけでもない（笑）。にもかかわらず、善良な運転手であろう松井さんは、深く考えずに山猫を排除しようとした。確かに、知らずしらず外見や立場や性別などで誰かを排除しているかもしれない、内なる差別意識を表現したシーンと言えるかもしれません。

## 排除される側の論理

**佐藤** それに対する山猫の対応が、秀逸なのです。さきほどの続きは、次のようになっています。

「こんな　ところで、おりなくちゃ　いけないでしょうか?」

お客が　松井さんのほうに　かおを　よせたのか――、
なまぐさい　においが　ぷんと　してきました。

「だって、あんたは、山ねこでしょう?」

「でも、この　車の　どこにも〝山ねこ、おことわり〟とは
かいて　なかったですよ。」

それは、まあ、そうだ、と　松井さんは　おもいました。

（同前）


私は、普通に手を挙げてタクシーに乗車した。突然降りろというのならば、その理由

を説明してほしい。「山猫の乗り物ではありません」という表示はなかったはずだ。「自分と容姿が異なる山猫だから」というのは、コンプライアンス的にも、いかがなものか――。そのように、堂々と反論したわけです。

もし自分が不当に排除されそうになった場合には、法令を盾に身を守るというのが有効である、ということもこの本は教えているわけです。

**池上**　松井さんには、効果てきめんでした。この運転手さんは、やっぱりいい人で、根っからの差別主義者ではなかったのですね。山猫の吐いた正論に、ほとんど説得されていますから。(笑)

**佐藤**　そんな松井さんに、山猫はさらに「追い打ち」をかけます。

「りょう金を　はらえば、だれであろうと、おなじじゃありませんか？」

それも　まあ、そうだ、と　松井さんは　また、おもいました。

「おねがいしますよ。なにしろ、いそいでいるんです。母がびょうきになったと、でんぽうが　きたのですよ。わたしは、いしゃなのです。」

と　いっても、まだ、いしゃに　なったばかりなのですがね。」

おくってやろうかな、いや、おくるべきだ、と　松井さんは　おもいました。（同前）

あなたは、何のために毎日お客を乗せて走り回っているのですか？　食べていくためでしょう。対価がもらえるのだから、男だろうが女だろうが山猫だろうが、関係ないではありませんか、と資本主義社会における伝家の宝刀を抜いたのです。結果的に山猫は、「正当な理由なく排除するのはおかしい」という理屈プラス対価という現実のメリットを示すことで、松井さんの態度を１８０度転換させることに成功しました。

**池上**　山猫は、「今排除されたら、自分はこういう理由で困るのだ」ということもちゃんと説明していますよね。その場合、必要に応じて情を交えるのも効果的でした。母親が病気なのだ、と。

**佐藤**　そういう現代に生きる知恵を、小学校４年生から教えていくというわけです。

**池上**　一方、松井さんにスポットを当てると、これは「多様性」を考える教材になりますね。最初にも言いましたが、相手が山猫だと知って受け入れを拒絶した松井さんでしたが、車を飛ばして病気の母親の診察に行こうとしている、といった山猫の「人（猫）

となり」を知るにつれて、考えが変わっていくわけです。
母親のいる家に着いた山猫は、「病院に戻るから、待っていてください」と松井さんに言って、中に入っていきます。そして、戻ってきて再びタクシーに乗り込むと、こんなことを言いました。

「またせて　すみませんでした。おかげで、はやく　なおりそうです。なあに、わたしに　あいたいので、すこし　おおげさに　いっているらしいんですよ。」
車に　のりこんだ　山ねこ先生は、わらいながら　いいました。
さっきの　青い　スカートの　チビが　でてきて、茶いろの　小さな手を　いっしょうけんめい　ふっています。
「いちばん　下の　いもうとです。はやく　りっぱな　いしゃになって、ここに　かえってこなければ、と　おもいますよ。」（同前）

見かけは違ったとしても、山猫は山猫なりに頑張っている。我々人間と変わらないじゃないか、ということが松井さんの心に刻まれるんですね。

**佐藤**　病院に到着すると、山猫は料金と一緒に、松井さんに1枚の紙を渡します。それには、山猫語で「山ねこ　おことわり」と書いてありました。これをドアのところに貼っておけば、もう山猫は乗ってこないから安心できます、と。

ところが、病院の階段を上る山猫を呼び止めた松井さんは、目の前でその紙をビリビリに破いてしまう。そして、「また、いつでも、どうぞ！」と言い残して、走り去っていくのです。

**池上**　絵本で描かれている松井さんの手からパラパラ零れ落ちる紙片は、彼が偏見を乗り越えた象徴にも見えます。

# 7 インセンティブなしでは部下は働かない「花咲かじじい」

◎あらすじ

むかしあるところに、正直なおじいさんとおばあさんが住んでいた。ある日、2人が子どものように可愛がっていた犬の白が「ここ掘れ、ワンワン」と鳴くので、掘ってみると、大量の小判が出てきた。それを聞いた隣の欲張りじいさんとばあさんが、白を借りて同じことを試みるが、掘っても出てくるのは石ころや汚いものばかり。怒った欲張りじいさんは、白を殺してしまう。

正直じいさんとばあさんは、白の死を悲しんで庭に埋め、その上に小さな松の木を植えた。すると、松の木はみるみる育ち、巨大な木に姿を変えた。白の形見だと思った2人は、その松から臼と杵を作って餅をついた。不思議なことに、杵でつくほど米があふれ出し、台所中が米でいっぱいになった。それを知った欲張りじいさんとばあさんは、今度は臼を借りて同じように餅をつくが、臼からはまた汚いものがあふれてきた。怒ったじいさんは、臼を壊して薪にして燃やしてしまった。

がっかりしながら灰を集めて帰宅した正直じいさんが、白のお墓のところまで来ると、どこからともなく暖かい風が吹いてきて灰をまき散らし、それを被った桜や梅の木が、冬のさなかなのに花をつけ、満開の景色となった。

気をよくした正直じいさんが、往来で灰をまいて花を咲かせていたところに殿様一行が通りかかり、褒め称えた上にたくさんのご褒美を下さった。別の日、欲張りじいさんがその真似をして灰を振りまくと、花は咲かずに殿様や家来に降りかかった。腹を立てた殿様は、欲張りじいさんを縛らせ、牢に入れてしまった。

［「花咲かじじい」楠山正雄］

## 欲張りじいさんの失敗の本質

**佐藤**　資本主義の時代の話ではありませんが、犬の白は、優れて資本主義的な論理に忠実に動きました。

**池上**　「花咲かじじい」も資本主義の話ですか（笑）。どういうことでしょう？

**佐藤**　最初の「ここ掘れ、ワンワン」の話に関して、欲張りじいさんの間違いは、どこにあったのか。私は、犬の白に餌も何もやらずに、小判という成果だけを求めたのが最大の問題だと思うんですよ。

**池上**　正直じいさんたちが、白を子どものように可愛がって世話していたのとは対照的に、嫌がるのをそれこそ首に縄を付けて、無理やり畑に引っ張ってきた。

**佐藤**　白の立場になってみれば、正直じいさん夫婦とは雇用関係があります。ですから、対価に従って奉仕するのは、ある意味当たり前なのです。そうでなければ、ゴミのような仕事しかしないのもまた、当然の話ではないでしょうか。

**池上**　だから、要するに「横取りはいけません」という話ですね、これは。

**佐藤**　そうです。自らがろくな努力もせずに、部下の成果を我が物にしたりしていると、後でひどい目に遭うわけです。

**池上**　それにしても、白が正直じいさんたちにもたらしたのは、対価に比べるととてつもなく大きな成果でした。

**佐藤**　きちんと雇用して面倒をみていれば、ある日、社員が信じられない大商談をまとめて帰ってくるかもしれないじゃないですか。（笑）

**池上**　確かに（笑）。たとえ雇用していても、いやいや働いているような状態だったら、大きな成果は見込み薄ですね。いい仕事をさせたかったら、ちゃんとインセンティブを与えないと。

**佐藤**　それも大事なところです。

**池上**「餌」はもちろん重要ですが、これは金銭的な報酬とは限りません。例えば、上が「あれやれ、これやれ」と言うような環境では、やる気は出ないでしょう。提案したことを「よし、やってみろ」と言われれば、徹夜してでもやりますよね。

**佐藤**　それにしても、この欲張りじいさんは、腹を立てて犬を殺したり、臼を燃やしてしまったり、欲張りなだけではなくて、直情性を絵に描いたような人物ですね。何か気に入らないことがあると、かーっと頭に血が上って、暴力的な振る舞いをする。こういうタイプも管理職には向きません。

**池上**　典型的なパワハラ上司になりますね。

**佐藤**　中でも、怒りに任せて白を殺してしまったことは、取り返しのつかないミスでした。だって、この犬は金銀財宝のありかを探す潜在能力を持っていたわけでしょう。一度の失敗には目をつぶって、いい餌を与えて育てるとかしたら、自分も隣のおじいさん、おばあさんのような僥倖にめぐり合えたかもしれないのに、自分でそのチャンスを消すようなことをしたわけです。会社でいえば、部下の潜在能力を見抜けずに潰してしまう上司のようなものです。

**池上**　そういうタイプの人は、自分が間違いを起こしたことにすら、気づかないわけですね。だから、同じことを繰り返す。

## 非対称な因果の物語

**佐藤**　まあ、現実の組織には、宝を増やせる有能な人がいる半面、同じ仕事でもこの人に任せると必ず失敗する、ということがありますよね。両方の夫婦の餅つきも、そういうアナロジーだと考えると、なかなか面白いものがあります。

**池上**　というと？

**佐藤**　要するに、同じ杵と臼で同じ米をついたのに、どうしてこのようなことになるのか。もしかすると、正直じいさんたちの強い正のエネルギーが、欲張りじいさんたちのところで中和されて、バランスが取れました、ということなのかもしれません。世の中も会社組織のようなものも、結局はそれで回っているのだ、と。

**池上**　確かに、世の中に正のエネルギーばかり充満していたら、それはそれで息苦しそうです。一方で、このお話自体は、わかりやすい因果応報の物語ですよね。

**佐藤**　隣の老夫婦が大事にしていた犬を、鍬で撲殺したりするから、悪いことが起きる。さっきも言ったように、怒りに任せていきなり殺すというのは、明らかにやり過ぎでした。臼は、宝のありかを教えなかっただけで、危害を加えたりしたわけではないのだから。原因と結果が、あまりに非対称です。

一方で、欲張りじいさんたちの受けた罰は、やったことに比べるとかなり抑制的だと思いませんか。正直じいさんは、愛犬を殺されたことへの仕返しや抗議をするでもなく、「死んでしまったものはしかたがありませんから」という態度で、黙って死骸を引き取ってくるのです。

**池上**　憎くて仕方ない相手のはずなのに、その後また臼を貸すようなことをするから、結果的に灰にされてしまう。正直なのはいいけれど、ちょっとお人好しに過ぎますね。

**佐藤**　最後も、お殿様に灰をまきかけたりすれば、その場で切り捨てられて当然なのに、命だけは助かります。

**池上**　欲張りじいさんが殺したのは犬で、その飼い主の命を奪ったりはしていないですから、「因果の法則」は、ギリギリ働いているといえるかもしれませんが。（笑）

**佐藤**　実はこういう話は、キリスト教の世界とは親和性が高いといえます。同じ灰を同じようにまけば、どんな場合でも花が咲くというのは、魔術の考え方なんですね。これに対して、キリスト教では、同じ行いをしても、1回ごとにそこに神が関与して働きかけるから、反駁性がないのです。

**池上**　なるほど。逆に言えば、餅をついたら米があふれ出てきたり、灰が花を咲かせたりというのは、魔術ではなく、神の思し召しの世界ということですね。

## 最初から最後まで即物的な

**佐藤**　あえて欲張りじいさん夫婦の立場になってみると、お隣は犬が「ここ掘れ、ワンワン」と鳴くのに従ったら小判の山が出てきたのに、自分のところはゴミだらけというのは、確かに心情としては悔しくて腹立たしいでしょうね。正直じいさんとばあさんは、埋蔵金を見つけるために、何か努力をしたわけではありません。たまたま飼っていた犬が特殊能力の持ち主だったという、〝犬ガチャ〟みたいなものです。(笑)

**池上** どうしてあの国は石油や天然ガスが出るのに、うちは全然出ないのだ。(笑)

**佐藤** それで、戦争になったりするわけですね。

**池上** あえてツッコめば、そもそも畑になぜたくさんの小判が埋まっていたのか、という疑問もありますね。資源と違って、誰かが埋めたわけだから。

**佐藤** 崇拝の対象として埋められた可能性が、高いのではないでしょうか。当時の貨幣感覚からすると、貨幣自体に物神性があるわけです。投資するなんていう発想は持っていませんから、死後も自分の持ち物にしようと考えて、貯めた財産を一緒に埋葬したり、秘密の場所に埋めたりする。

**池上** お金に文字通りの魔力が宿っていると考えたわけですね。

**佐藤** 今でも宗派によっては、棺の中に紙などで作ったお金を入れるでしょう。

**池上** 三途の川を渡るための六文銭。

**佐藤**　そう。死後の世界の交通費なのです。

**池上**　私は、こういう棚ぼたみたいな昔話を聞くと、昔トラック運転手をしていた大貫さんという人が、東京の銀座の街中で1億円の札束が入った風呂敷包みを拾った「事件」を思い出すんですよ。後にこれは、「闇の金」だったことが明らかになるのですが。だから、落とし主は現れず、1億円は丸々大貫さんのものになりました。

**佐藤**　あれは、バブル前のことでしたっけ？

**池上**　そうです。1980年ですから。

**佐藤**　だとすると、1億円の札束の重さは、相当なものだったでしょう。バブル期には、普通の人が1億円とかを手にすることも増えたため、1億円といっても人々はそれほど驚かなくなりましたが。

**池上**　重いから、札束を運んでいた人たちがつい1億円だけを道に置き忘れたら、大貫さんに拾われてた。

**佐藤**　大貫さんが偉かったのは、すぐにそれを警察に届けたことです。だから、落とし主は、1億円に手出しができなくなってしまいました。もし、そのまま着服するようなことをしていたら、別の事件になっていた可能性があります。

**池上**　畑から小判を見つけたおじいさん、おばあさんは、公に届け出るようなことはせずに、そのまま自分たちのものにしたんですよね。どこまで「正直」な人たちだったのか(笑)。因果応報のスタートは、そこだったのかもしれませんよ。

**佐藤**　なるほど。白はその犠牲になってしまった。いずれにしても、このお話も、小判、お米、あたりの花が満開になってご褒美をもらう、と最初から最後まで即物的なエピソードのオンパレードです。

**池上**　そういう話はわかりやすいし、結局みんな好きなんですね。

# 8
# 与えられた罰すら「商売」のネタにしよう「舌切りすずめ」

◎あらすじ

あるところに、おじいさんとおばあさんが住んでいた。ある日のこと、おじいさんが可愛がって飼っていたすずめが、おばあさんの使う洗濯のりを食べてしまう。怒ったおばあさんは、すずめの舌を切り、「出て行け」と外へ放した。その話を聞いたおじいさんは、すずめを探しに山へ出かけ、大きなやぶの中にすずめの宿を発見する。舌切りすずめは、おじいさんを招き入れ、おいしいごちそうや歌と踊りでもてなした。お土産には、大きなつづらと小さなつづらが用意されていて、おじいさんが小さなつづらをもらって帰ると、中からたくさんの宝物が出てきた。

おじいさんから大小のつづらの話を聞いた欲張りなおばあさんは、大きなつづらをもらって来ようと、すずめの宿へ向かった。首尾よく大きなつづらを手にしたおばあさんだったが、帰り道で開けてみると、中から次から次へとお化けが現れ、おばあさんはびっくりして山道を逃げるように家へ帰るのだった。

［「舌切りすずめ」楠山正雄］

## 「被害者」の一方的な持ち出しに近い

**池上**　楠山正雄の手による「舌切りすずめ」です。話の最後、つづらからお化けが出てきて、おばあさんが腰を抜かしそうになりながら家に逃げ帰ったところは、こんな感じです。

「たいへんだ、たいへんだ。助けてくれ。」

とおばあさんは金切り声を上げて、一生懸命逃げ出しました。そしてやっとのことで、半分死んだようにまっ青になって、うちの中にかけ込みますと、おじいさん

はびっくりして、
「どうした、どうした。」
と言いました。おばあさんはこれこれの目にあったと話して、「ああもう、こりごりだ。」と言いますと、おじいさんは気の毒そうに、
「やれやれ、それはひどい目にあったな。だからあんまりむじひなことをしたり、あんまり欲ばったりするものではない。」と言いました。

（「舌切りすずめ」楠山正雄）

話で伝えたい教訓は、ラストのおじいさんの言葉に凝縮されているのですが、例によってこの物語も、元の話をたどっていくと、さらに残酷というか、シビアなストーリーだったようです。例えば、楠山版では、すずめを探しに出かけたおじいさんは、「野を越えて、山を越えて、また野を越えて、山を越えて、大きなやぶのある所へ出ました」とあります。

**佐藤**　それだけでも、老人にとってはかなりの難行苦行ではありますね。

**池上**　そうなのですが、実はこのおじいさんは、すずめの宿にたどり着く前に、出会っ

たたくさんの人たちにすずめの消息を尋ねていた。で、そのたびに、情報をもらう代わりに馬の血を飲まされたりしているのです。おばあさんのほうも、大きなつづらを開けたとたんに魑魅魍魎に食い殺されてしまう、というバージョンもあります。

**佐藤**　それだと、なかなか子ども向けの童話としては厳しいでしょう。それにしても、このおばあさんも、「花咲かじじい」の欲張りじいさんと同じ典型的な直情タイプです。のりを舐めたぐらいですずめの舌を切ってしまうというのは、やっぱり原因と結果が釣り合いません。

**池上**　おじいさんも、よくこんなに短気で強欲なおばあさんと、長年連れ添ったものですね。可愛がっていたすずめの舌を切って追い出したりしたのに、「ひどいことをするなあ」で済ませている。

**佐藤**　普通だったら、おじいさんが怒り心頭に発して、夫婦喧嘩になっているところ。

**池上**　最後の部分も、欲をかいてひどい目に遭ったおばあさんを気の毒に思いながら、優しく諭しているんですね。すずめの立場になってみれば、大事な舌をちょん切られた報復が、重い荷物を背負わせて、お化けで脅かしたくらい。（笑）

**佐藤**　そればかりか、世帯単位で考えると、おじいさんには金銀財宝を持たせているわけです。

**池上**　子ども向けに話をマイルドに作り変える過程で、矛盾が生まれてしまったのかもしれません。

## 〝悪者〟のおばあさんももうけ損ねた

**佐藤**　この話の教訓は、おっしゃるように「他者に対して無慈悲なことをしたり、欲をかき過ぎたりするのはやめましょう」ということです。ただ、おばあさんがつづらを持たされた以降の部分を切り取ってみると、彼女は非常に残念なことをしたといえるかもしれません。

**池上**　残念なことですか？

**佐藤**　つづらの中からは、「三つ目小僧だの、一つ目小僧だの、がま入道だの、いろいろなお化け」がにょろにょろ飛び出してきたわけですよね。驚いて逃げたりせずに、連れ帰って手懐けたらどうだったでしょう。街中で興行をすれば、大ヒット間違いなし。それこそ、大枚の金銀を生んだに違いありません。

**池上**　転んでもただでは起きない（笑）。どうせ欲を張るのならば、そこまで徹底すべしということでしょうか。何だか、さらに大きなしっぺ返しがありそうな気もしますけど。

**佐藤**　だから、これも資本主義の前の時代の話なのです。資本主義的な競争社会においては、とりあえず目の前のものがビジネスにならないかを考えるのが「正義」ですから。そもそも、魑魅魍魎だろうが何だろうが、これはおばあさんがわざわざ野を越え山越えしてすずめの宿まで行って、「もらって」きたものです。

**池上**　確かに違法に入手したものではありません。煮るなり焼くなり、おばあさんの自由なのは、その通りです。

**佐藤**　本当は、怖いところを一歩踏み止まって、化け物たちで勝負することを考えるべきでした。その場合、池上さんのおっしゃるような、しっぺ返しのリスクを取る必要はありますけれども。

**池上**　本気で儲けようと思うのならば、そういう覚悟は不可欠。おばあさんは、恐怖が先に立って一世一代のビジネスチャンスを逃してしまった、というのが佐藤優版「舌切りすずめ」ですね。

# 9

# デビュー戦の大事さを嚙み締める
# 「瘤とり爺さん」

◎あらすじ

昔あるところに、右の頰に大きな瘤をつけたおじいさんがいた。ある日、いつものように山に木を切りに行くと、急に大雨が降ってきたので、大きな木のうろの中で雨宿りをすることにした。すると、その木の前に鬼たちが何十人となく現れて、酒盛りを始める。最初は恐ろしくて震えていたおじいさんだったが、飲めや歌えの宴会になると、うずうずしてきて、ついには鬼たちの前に出て踊り始めた。

おじいさんの踊りに感心した鬼は、「明日の晩も来るのだぞ」と言う。そして、頰の瘤を大事なものだと勘違いして、「ちゃんと来たら返してやる」と、もぎ取ってしまった。

このおじいさんの隣の家には、左の頬に大きな瘤をつけたおじいさんが住んでいた。隣人の右頬から瘤が消えているのを見て驚き、いきさつを聞いて、自分も取ってもらおうと山に登った。

やがて鬼たちの宴会が始まったが、このおじいさんは、踊りがあまり得意ではなかった。不機嫌になった鬼は、「もういい、瘤は返してやるから帰れ」と言い、前日に預かっていた瘤を右の頬に張り付けてしまった。おじいさんは、両方の頬に瘤をぶら下げて、泣く泣く山を下りた。

［「瘤とり」楠山正雄］

## 好機の女神に後ろ髪はない

**池上**　今回も、さきほどの「舌切りすずめ」同様、楠山正雄版を読みました。この童話も作者によって様々なバージョンがあって、「最初のおじいさん＝優しい、後のおじいさん＝意地悪」といったキャラ設定がされているものもあるのですが、楠山版にはそれがありません。要するに、単に「右の頬に瘤のあるおじいさんと、左の頬に瘤のあるおじいさん」の話になっているんですね。なのに、なぜ幸運と不幸がこれほど分かれてしまうのかという点で、少し不思議な筋立てになっています。

**佐藤**　しかも、鬼たちは、「瘤は福のあるものだから、じいさんのいちばんだいじなものに違いない」という大いなる勘違いをして、むしり取って、翌日も来て踊らせるための「質草」にするわけでしょう。そして、翌日やってきたおじいさんに、踊りが拙かったにもかかわらず、「返して」あげた。基本的に、登場人物はみんな「いい人」です。

**池上**　それだけに、踊りが上手でなかったばかりに瘤を「倍返し」されて、泣きながら山を下りざるをえなかった2人目のおじいさんが、不憫で仕方ありません。（笑）

**佐藤**　非常に理不尽な話にも思えます。ただ、「倍返し」されたおじいさんには悪いのですが、この話から我々がくみ取るべき教訓があるとすれば、「人生というステージにおいて、踊りを踊って評価されるチャンスは限られる」「特にデビュー戦は決定的に重要である」ということだと思うんですよ。これは、ビジネスの現場においてもそうだし、芸能界とか論壇とかをみれば、それがより顕著であることがわかるでしょう。

**池上**　2人目の左頰に瘤のおじいさんにとっては、鬼の宴会の舞台というのは、それを取ってもらえるかもしれない、願ってもないチャンスでした。しかし、残念ながらその場で相手が望むパフォーマンスを発揮すること叶わず、逆に「負債」を背負うことになってしまいました。

レオナルド・ダ・ヴィンチの言葉だともされる「幸運の女神には前髪しかない」ということですね。「好機の神」とされるカイロスは、出会った人が摑まえやすいように髪が前に垂らされているものの、後ろ髪はありません。なので、それを逃すと、もう追いかけて摑まえることはできないわけです。

**佐藤**　そう、「ロドス島では跳べたのだ」と後からいくら言っても、通用しないのです。

**池上**　イソップ寓話が起源とされる「ここがロドスだ」。エーゲ海のロドス島の競技会で大跳躍をしたと周囲に吹聴する男に、「じゃあここがロドスだと思って、跳んで見せてみろ」と言うと、男は困惑して逃げた。嘘つきであることがバレてしまいました。このエピソードはマルクスの『資本論』の中でも引用されて有名になりました。

**佐藤**　「機会の窓」は、一定の時間が過ぎれば閉じてしまうから、逃さずに踊り切れるかどうかが勝負になるのです。

## チャンスを摑んで始まる寡占化

**池上**　でも、確かにテレビの世界を見ていると、その通りだと思いますね。めぐってきたチャンスをものにした人が、しっかり生き残っています。

**佐藤**　まさに女神の前髪で、デビュー戦が大事なのです。そこを勝ち抜いて「こいつは使える」ということになると、今度は独占とまではいかないまでも、寡占化が始まります。

**池上**　お笑いなんかでも、いったん売れると、その人たちがのべつまくなしに出てきますから。

**佐藤**　ちょっとだけ古い話をすれば、コント55号もザ・ドリフターズも、「偉大なるマンネリ」とか言われながらも、慣性の法則のようにテレビに君臨し続けました。それが途切れるのは、次の人が出てきたとき。コント55号は、ザ・ドリフターズが出てきたことによって、ある意味淘汰されました。ザ・ドリフターズは、ビートたけしや明石家さんまの台頭で、トップの座から降りることになったわけです。

**池上**　論壇も、優秀な人たちがいる中で、たまたま特定のテーマで注目を浴びると、その後も重宝される傾向があります。佐藤さんの場合は、「国策捜査」の結果、執行猶予付きの有罪判決を受けるという人生の大ピンチを逆手に取って（笑）、２００５年に『国家の罠』を世に出したことで、チャンスを自ら切り開いたわけですが。

**佐藤**　客観的に考えて、あのタイミングで前髪を摑んでいなければ、今の私はなかったと今でも思います。池上さんの場合は、その出現により、何人かが淘汰されましたよね。あえて誰とは言いませんが。

**池上**　そうでしょうか。

**佐藤**　そして、ポスト池上も生まれていないのです。だから、寡占化は当分続きます。ちょっとまた話は逸れますが、池上さんと私は「立ち位置」の似ているところがあって、要は立ち位置自体が定まらない（笑）。思想の構図がどうこうとマトリックスを描いてマッピングしようとすると、大抵の人は「やや左の上」とか「右の真ん中あたり」とかに落ち着くのだけれど、我々はあちらこちらにチェックが入って、マップが真っ黒になってしまうのです。

**池上**　思想に一貫性がないからでしょうか。（笑）

**佐藤**　でも、一貫性があるというのは、一歩間違えばタコツボに入るということですからね。例えば、私は、米軍基地の辺野古移転はとんでもないことだと思っています。一方、政治家の靖国参拝は内心の問題だから行きたければ行けばいいのではないか、と考えます。それで、新自由主義は大嫌い。こうなってくると、思想的にどこかにマッピングすることは、できないわけです。ただ、よく考えてほしいのは、これらは全部別々の独立した事象だということです。

**池上**　確かにおっしゃる通りです。そうした事柄をパッケージにして考えるのはおかしい、と私も思います。

## 踊りは60点でいい

**佐藤**　実はこの「瘤とり爺さん」の話は、外務省時代にたとえとして、部下に対して実際に使っていたんですよ。「この案件の通訳は任せた。失敗したら、瘤が付いてくるからね」というふうに。

**池上**　なるほど。すでに実用化された教訓だったのですね。でも、佐藤さんに「瘤が付

くぞ」と面と向かって言われたら、それは必死に踊らざるをえないでしょう。（笑）

**佐藤** ただ、同時に「100点の通訳をする必要はない。60点で十分瘤は取れるんだ」ということも言いました。これも大事なところで、最初から完璧な踊りを披露しようとしても無理な相談だと思うのです。肩に力が入り過ぎれば、失敗の原因にもなるでしょう。

**池上** 左の頬に瘤のおじいさんは、残念ながらその合格ラインまで到達できなかった。

**佐藤** そういうことです。

**池上** 「ここで跳べ」と言われて跳ぶためには、常日頃からの鍛錬、努力が必要でしょう。でも、そうしたからといって、みんなが周囲を納得させる跳躍ができるわけではありません。そこが厳しいところではあります。

**佐藤** 私は、やはりその人の適性が無視できないと思うのです。「すっぱいぶどう」のところでも論じたように、これは能力とは別物です。

**池上** 確かに、それはありますね。私がNHKの社会部にいた頃、記者リポートで失敗した先輩がいて、その1回で「あいつはダメだ」と。ちなみに、記者が直接テレビカメラの前でしゃべるというのは、まだ珍しかった頃の話です。

**佐藤**　記者は取材して原稿を書く。カメラの前でそれを読み上げるのは、アナウンサーの仕事だったわけですね。

**池上**　その先輩は、取材や原稿の執筆といった能力があったから社会部に配属されたのだろうけど、カメラの前でしゃべるという適性を欠いていたんですね、今考えてみると。それで、リポートに関しては「落第」の烙印を押されて、二度と出番はありませんでした。一方、私はたまたま最初のリポートがうまくいった。その結果、「あいつを使え」ということになると、それで経験を積んで、どんどん上達していくという流れにもなるわけです。

**佐藤**　適性があったことは、その後の池上さんが証明しています。

**池上**　そういえば、「瘤とり爺さん」では、恐々鬼たちの宴会をのぞいていたおじいさんが、やがて矢も楯もたまらず飛び出していって、踊りを披露するわけですね。

しかしうっかり飛び出していって、一口にあんぐりやられては大へんだと一度は思い返して、一生懸命がまんしていましたが、そのうち鬼どもがおもしろそうに手をたたいて、拍子をとり出しますと、もうたまらなくなって、

「ええ、かまうものか。出て踊ってやれ。食われて死んだらそれまでだ。」

とすっかり度胸をきめて、腰にきこりの斧をさして、烏帽子をずるずるに鼻の頭までかぶったまま、

「よう、こりゃこりゃ。」

といいながら、ひょっこりおかしらの鬼の鼻先へ飛び出しました。

（「瘤とり」楠山正雄）

鬼に対する恐怖心を、踊りたいという気持ちが上回ったというのですから、これはもう適性バッチリとしか言いようがないでしょう。

**佐藤** 「これがやりたい」「自分に向いている」と思ったら、臆することなくチャンスを摑みにいくべき。このおじいさんは、そういうことを教えているように思うのです。

# 10 自分の〝身の丈〟を考える物語

## 「猫の草紙」

◎あらすじ

昔、京都の町で鼠が台所の食べ物を盗んだり、戸障子をかじったり、いたずらのし放題をして、みんなが困ったことがあった。それであるとき、お上から、家々の飼い猫の首につないだ綱を解いて放すよう、お触れが出た。自由になった猫たちは、大喜びで町中を駆けまわり、世の中はさながら猫の世界のようになった。

天敵の出現に困った鼠は、寺の和尚に「もう一度猫を家の中につなぐよう、お上に頼んで欲しい」とお願いに行くが、「悪さをしたお前たちの自業自得で、どうしてやることもできない」と断られてしまう。一方、鼠がお願いに行ったことを知った猫も和尚のもとを訪ね、「我々が再びつながれたら、鼠はまた悪さをするに違いない」と話し、和尚は「鼠の言うことは取り上げないから安心しろ」と対応する。
追い詰められた鼠たちは、猫と戦うことを決意し、迎え撃つ猫と対峙する。まさに戦いが始まろうというときに、話を聞きつけた和尚が仲裁に入った。そして鼠の軍を、「お前たちが死に物狂いになっても、猫にはかなわない。悪さをしないと誓うのならば、猫にお前たちを取らないように言ってやろう」と諭す。鼠が喜んでその提案を受け入れると、猫の軍に向かって「ああ言うのだから、これからは鼠をいじめるな。ただし、もし鼠がまた悪さを始めたら、食い殺してもかまわない」と話し、猫もこれを受け入れた。そして、「咎のない鼠を取るのはやめましょう」「よけいな人のものを取ったりいたしません」と口々に言いながら、猫と鼠たちはぞろぞろ帰っていった。

［「猫の草紙」楠山正雄］

## アメリカに出稼ぎに行く時代

**池上** 主として室町時代から江戸時代の短編物語である「御伽草子」の中の一篇ですが、

あまり有名な話ではないと思います。佐藤さんが、ぜひこれを取り上げたいと考えたのはなぜなのでしょう？

**佐藤**　現状の日本という国のサイズをどう見るのか。そういうことをあらためて見直すうえで、ここに出てくる猫や和尚さんの言葉は非常に的確というか、時代を超えて迫るものがあると思ったからです。

**池上**　「現状の国のサイズ」というと、「失われた30年」を経た日本の姿ということでしょうか。

**佐藤**　そういうことです。ドル換算の日本のＧＤＰ（国内総生産）は、行きつ戻りつしながらもほぼ30年前の水準まで落ち込みました。

**池上**　かつて日本はアメリカに次ぐ経済大国だったのですが、名目ＧＤＰは２０１０年に中国に抜かれ、さらにドイツに肉薄されていて、世界第４位への転落が現実味を帯びています。人口が日本の１億２４００万人に対してドイツ８０００万人ということを考えれば、由々しき事態と言えますね。

**佐藤**　いつぞやニューヨークでＴＢＳの記者の書いた記事がサイトに載っていて、日本のチェーン店のラーメンが２８００円とか。いつの間にか、こういう状況になっているわけです。

**池上**　２０２２年10月にアメリカに取材に行った際、ラーメンと餃子を頼んだら、チップ込みで５４００円でした。

あるテレビ番組のディレクターが話していたのですが、担当していたＡＤ（アシスタント・ディレクター）が、もうこんな低賃金ではやっていられないと言って、アメリカに出稼ぎに行ったそうです。アメリカでは、最低賃金が日本円にすると５０００円ぐらいになるので、しばらくあちらで稼いで戻ってきます、と。円安という為替要因も大きいのだけれど、どこの国の話なのかと思ってしまいますよね。

**佐藤**　いつの頃からか、気づくと日本のテレビドラマから、海外のシーンが消えました。

**池上**　新型コロナの影響もあったのですが、コストがかかり過ぎて、なかなか海外にロケチームを出せないのです。悲しいかな、日本が急速に「弱く」なった話を始めると、枚挙にいとまがありません。

## 猫としての自覚を持つ

**佐藤**　前置きが長くなりましたが、この物語でまず注目すべきは、鼠が和尚さんに直談判に行ったことを知った猫が、和尚に自らの考えを述べる部分です。前後を略しますが、猫はこんなことを言います。

「猫はもと天竺の虎の子孫でございますが、日本は、小さなやさしい国柄ですから、この国に住みつくといっしょに、このとおり小さなやさしい獣になったのでございます。」

（「猫の草紙」楠山正雄）

和尚さんを説得するためとはいえ、ずいぶん自己抑制がきいていると思いませんか？

**池上**　そうですね。冷静に自己分析しています。（笑）

**佐藤**　仏典を広めるために天竺からやってきた虎も、日本の国のサイズに合わせて猫になった。猫は日本の姿、立場を象徴しているわけです。

それを踏まえて、「停戦」を受け入れた猫と鼠たちに対して最後に和尚の述べる言葉を、我々は虚心坦懐に聞くべきだと思うのです。

「さあ、それでやっと安心した。ねずみは猫にはかなわないし、猫はやはり犬にはかなわない。上には上の強いものがあって、ここでどちらが勝ったところで、それだけでもう世の中に何もこわいものがなくなるわけではないし、世の中が自由になるものでもない。まあ、お互いに自分の生まれついた身分に満足して、獣は獣同士、鳥は鳥同士、人間は人間同士、仲よく暮らすほどいいことはないのだ。そのどうりが分かったら、さあ、みんなおとなしくお帰り、お帰り。」

（同前）

**池上**　分相応に、〝身の丈〟に合ったことをしていなさい、と。

**佐藤**　ここで重要なのは、この話が作られた頃、日本から世界がどう見えていたのか、ということです。当時の世界像というのは、天竺・インド、震旦・中国、そして本朝・日本という3世界でした。天竺は字の通り天にある。震旦はお隣の巨大帝国。それらに比して、本朝はまことに小さな存在でしかありませんでした。

**池上**　だから、虎も日本に来たら猫にならざるを得ない。

**佐藤**　時代は下り、日本は世界に冠たる経済成長を果たしました。アメリカがアフリカライオンなら、自分たちはインドライオンぐらいの気分でいたのです。けれど、何のことはない、現実は「3世界」に戻りつつあるのです。

**池上**　実際、ＧＤＰではインドにも迫られています。

**佐藤**　ですから、アメリカがライオンで、中国やロシアが虎ならば、我々は猫ぐらいの存在なんだということをちゃんと自覚する。これは大事なことだと思うのです。

**池上**　まあ、多くの人は、バブル崩壊後の日本の地位低下に気づいていて、だからこそ「日本礼賛」の書物やテレビ番組などが受けるのかもしれませんが。

**佐藤**　最近の日本人が「猫の草紙」をあまり知らないというのは、一時期まで右肩上がりの夢が見られたからかもしれません。頑張れば成長できる時代に、「お互いに自分の生まれついた身分に満足して」という思想は馴染みませんから。ただ、とりあえずは幻想を捨て、繰り返しになりますが、自らは猫であることを自覚する。

**池上**　そうしないと、「巻き返し」もできませんから。

ところで、猫を放し飼いにされ、和尚さんへの嘆願もかなわなかった鼠たちは、いったん都落ちして田舎に逃げ延びる準備を始める中、若い鼠たちの言葉で、猫との戦いを決意します。

「まあ待って下さい。われわれはただの一度も戦争らしい戦争をしないで、むざむざ都を敵に明け渡して田舎へ逃げるというのは、いかにもふがいない話ではありませんか。それでは命だけはぶじに助かっても、この後長く獣仲間の笑われものになって、まんぞくなつきあいもできなくなります。そんなはずかしい目にあうよりも、のるか、そるか、ここでいちばん死にもの狂いに猫と戦って、うまく勝てば、もうこれからは世の中に何もこわいものはない、天井裏だろうが、台所だろうが、壁の隅だろうが、天下はれてわれわれの領分になるし、負けたら潔くまくらを並べて死ぬばかりです。」（同前）

**佐藤**　彼我の実力差を認識しながら敵陣に突っ込んでいくというのは、まるで日本軍。撃ちてし止まん。

**池上**　昨今の状況を見ていると、日本は猫どころか、鼠になりかかっているように感じるのは、気のせいでしょうか。

# 11

# 定年後、玉手箱を開けるか開けないかの戦いが始まる
## 「浦島太郎」

◎あらすじ

昔、浦島太郎という漁師がいて、毎日魚を釣っては、親を養っていた。ある日、いつものように漁をして帰ってくると、子どもたちが小さな亀の子をいじめているのに出くわした。かわいそうに思った浦島太郎は、子どもたちから亀を買って、逃がした。

それからしばらくして、沖で漁をしていると、舟に助けた亀が近寄ってきて、「お礼がしたい」と言う。言われるままに亀の背中にまたがった浦島太郎が連れてこられたのは、金銀の甍がそびえる竜宮だった。そこでは、乙姫に出迎えられ、魚たちの音楽や舞、数々のごちそうでもてなされ、楽しい日々を過ごした。

あっという間に3年が過ぎた頃、浦島太郎はふと、陸に残して来た親のことが

心配になった。状況を察した乙姫は、「戻って来たかったら、決して開けてはいけない」と言って、お土産に玉手箱を手渡し、見送るのだった。

再び亀に乗って陸へと戻った浦島太郎だったが、そこでは300年の年月が流れていたことを知る。家も無くなり寂しく思った浦島は、うっかり乙姫との約束を忘れ、玉手箱を開けてしまう。すると、玉手箱から煙が立ち上り、それを浴びた浦島太郎は、みるみる老いて、白髪のおじいさんになってしまったのだった。

［「浦島太郎」楠山正雄］

---

## 世にも不思議な童話

**池上** 日本人なら誰もが知っている「浦島太郎」ですが、あらためて読んでみると、これも不思議な物語で、何を言いたいのかがイマイチよくわからないのです（笑）。亀を助けるという善行をしたから、竜宮城に招かれて楽しい思いができました、では終わらないんですね。お土産の玉手箱を開けた浦島が白髪の老人になってしまったのは、親のことを忘れて享楽に耽るような行為や、うっかり大事な約束を忘れたことへの戒めとも受け取れますが、どうも釈然としません。

**佐藤**　真面目に親孝行して暮らしていたのに、亀を助けたばかりに欲望に目覚めさせられて、ひどいことになってしまったわけですから。

今回読んだ楠山正雄版では、乙姫が「なかには、人間のいちばんだいじなたからがこめてございます」と言って、玉手箱を手渡します。開けてしまった浦島太郎は、「人間のいちばんだいじなたから」が寿命であることに気づくわけですが、陸を離れてから300年経っていたら、本来開けた瞬間に命は消えているでしょう。だから、ペナルティはかなり軽減されていたことになります。

**池上**　乙姫様が、「まあ、この人は開けるだろうな」と思っていたのか。（笑）

余談ながら、宇宙飛行士が地球に帰還すると、浦島太郎と同じ状態になります。高速で移動すればするほど、止まっている場合に比べて時間の進みが遅くなるからです。これを「ウラシマ効果」といって、仮に光速に近いようなスピードで宇宙を飛び続けていたら、なかなか年をとりません。

**佐藤**　特殊相対性理論ですね。

池上さんがおっしゃるように、これも素直に教訓を読み取りにくい話で、細かなところでも「あれ」と思わせるところがあります。例えば、すべての発端となった、子どもたちが子亀をいじめるシーン。子どもたちは、最初、「そんなかわいそうなことをするものではない」という浦島の言葉を無視します。すると、見かねた彼は懇々と道義を説いてやめさせるとかいうのではなく、手っ取り早く「同情するなら金をくれ」の解決策に打って出るわけです。子どもたちに、「おあしをあげるから、そのかめの子を売っておくれ」と。（笑）

**池上** 販売目的で苦労して獲ってきたものならまだしも、恐らく子どもたちは、そのへんにたまたまいた亀に悪戯していただけでしょう。お金をやるから放しなさいというのは、非常に非教育的な振る舞いですよね。事実、子どもたちは「おじさん、ありがとう。また買っておくれよ」と言いながら、去っていきました。味をしめて、同じことをまたやるかもしれません。

**佐藤** 子どもに楽して儲けることを教えてしまった。

これも余談ながら、「浦島太郎」と聞くと、私は松下幸之助や盛田昭夫の書物を連想するんですよ。日本経済新聞の「私の履歴書」の世界と言ってもいい。そういうのは、

Z世代のがっついたビジネスパーソンなんかには、あまり興味を持たれません。なぜなら、それらは、「俺が若い頃の話だが、いじめられている亀がいたから、助けてやったんだ。そうしたら、竜宮城に連れていかれて、こんな大成功を収めることになった。でも、慢心は禁物で、うっかり玉手箱を開けたりすると、失敗するぞ」という、わかりやすく言えばエピソード主義の「お説教」だからです。今の時代だったらどうなのか、といった普遍性がありません。

**池上**　「経営の神様」たちも、佐藤さんに言わせれば、浦島太郎だということですか。

## 〝異界〟としての竜宮城

**佐藤**　「浦島太郎」は、彼が連れていかれた竜宮城での非日常の体験抜きには成立しないわけですが、竜宮は一説によると「琉球」だったとも言われています。

**池上**　鹿児島の指宿には、竜宮伝説の発祥ともされる「龍宮神社」があります。砂浜はウミガメの産卵地で、海のかなたには琉球王国があったわけですね。

**佐藤**　例えば、当時の琉球は本土からすれば異界です。竜宮＝琉球説の真偽はそれとして、これは、異界に迷い込んだために現実世界とは大きく感覚がズレてしまった、という文化摩擦の話でもあるように思うのです。異界に行ってその基準で生きていると、いざ故郷に戻ったときに、大きな齟齬を覚えるようになってしまう。

**池上** 海外に留学したりするのが珍しかった頃は、そういうことがいくらでもありました。

**佐藤** 例えば、夏目漱石がそうですよね。文部省給費留学生としてイギリスに留学中にストレスが原因で体調を崩し、帰国後は周囲と摩擦ばかり起こす人間になってしまいました。

**池上** アメリカのロックフェラー医学研究所に所属した野口英世も、そんな感じですね。最後は、結局日本から出てアフリカに黄熱病の研究に行き、自分も感染して死んでしまった。

**佐藤** 彼の場合は、よくお札になったと思えるような、かなり「変わった人物」ではありましたけど。

**池上** もともと放蕩癖があったんですね。

**佐藤** 日本の敗戦後30年近くもフィリピンの島で「戦い」を続けて帰国した小野田少尉

も、結局日本には住めなくなってしまった人の一人です。

**池上**　あの人は、最終的にはブラジルに渡りました。

**佐藤**　何十年も戦後日本の価値観と隔絶された環境にいたために、それを受け入れることができなくなってしまったのです。ブラジルには「勝ち組」がいるじゃないか、と移住した。ちなみに「勝ち組」は格差を説明する用語ではなく、「日本は連合国に勝ったのだ」と信じる人たちのことです。

**池上**　異界にいた人を、故郷のほうで受け入れ難くなることもありますよね。帰国子女が、何となく煙たがられたり。

**佐藤**　軽くいじめられたりするようなこともあります。

**池上**　英語の授業であまりきれいな発音をすると英語の先生に嫌がられるので、わざとジャパニーズイングリッシュ的にするという中学生の話を聞いたことがあります。いずれにしても、異界の磁場みたいなものが、その後の人生に大きな影響を与えるのは確かでしょう。

**佐藤**　何を隠そう、私自身がそのことを痛感するのです。私は外交官として7年8ヵ月ロシアにいて、その間、体制の転換も目の当たりにしました。

**池上**　日本では考えられない異界そのものです。

**佐藤**　日本を留守にしていた時期に発生というか勃興したためにわからないものが二つあって、一つは思想的なポストモダンです。価値相対主義的な考え方というものが、まったくピンとこなくて、ポストモダンの旗手といわれるような人たちの文章を読んでも、「だから何なの？」という感覚にしかならないのです。もう一つは、バブル景気。みんなが踊っている最中にロシアにいましたから。株価至上主義みたいなものも、肌感覚で理解することはできません。

反対に、ある日を境にお札がぴらぴらの紙切れになってしまうことがあるというのは、皮膚感覚でわかります（笑）。いくら軍事力を持っても秘密警察で恐怖政治を展開しても、国が潰れるときは潰れるのだ、ということも。こういうのは、異界にいたことによるプラスといえるでしょう。

## 玉手箱は全員の心の中にある

**池上**　この話には、竜宮城とともにもう一つ、玉手箱というキーワードがあります。

「開けるな」といわれると開けたくなるのが人情なのですが、竜宮が異界だとすると、「現代の玉手箱」はどのようなものだと考えられるでしょうか。

**佐藤**　浦島は、これを開けたことで、人生から降りちゃったわけですよね。

**池上**　寿命を箱の中に閉じ込めたままだったら、年齢は300年前のまま。もしかしたら、また亀が迎えに来て、竜宮城で楽しく暮らせたかもしれません。

**佐藤**　ビジネスパーソンで考えてみましょう。60歳で定年になって、嘱託で再雇用されました。でも、実入りはガクンと落ちたし、かつての部下たちもあまり相談に来たりしない。挨拶しても、最近どこかよそよそしい。こんな感じになったときに、「もういいか」と会社を辞めたくなるわけですね。嘱託を勤め上げて辞める場合も同様ですが、そこから何かやることがあるのならまだしも、完全に現役からオサラバとなると、明らかに人生のフェーズが変わります。

**池上**　それが「玉手箱を開ける」ということ。

**佐藤**　煙を浴びた人は、すぐ行動に出るので、わかりやすいのです。そういう人は、まず髭を剃らなくなります。(笑)

**池上**　ずっと家にいる場合には、一日中パジャマで過ごしたり。

佐藤　外出もジャージにサンダル。そのうちに、必要がないのであまりカレンダーを見なくなって、曜日感覚が薄れてきます。気づけば、まさに玉手箱を開けてしまった浦島太郎状態というわけです。

池上　いったん煙を浴びてしまうと、そこから人生のネジを巻き直すのは難しくなるでしょうね。

佐藤　年齢的なハンデを考えても、現役に戻って仕事をしたり、何か新しいことにチャレンジしたりというのは、絶望的に困難だと思います。しかし、特にビジネスパーソンは、玉手箱の誘惑に駆られやすいと思うのです。

池上　それで人生のフェーズが変わってしまうなどとは、思っていないから。そう考えると、玉手箱は、決しておとぎ話の世界の話だけではなく、我々の身近にあって、なおかつやっぱりかなり怖い存在に思えます。

佐藤　現実世界では、人にもらったりするものではなくて、心の中にある見えない箱なのです。少なくとも、一時の感情や「ついうっかり」で開けたりしないようにしなくてはなりません。

## 会社は竜宮城だった!?

**池上**　逆に言えば、玉手箱のことなど考えもしない現役の頃は、みんなタイやヒラメの舞い踊りでうきうきしているわけですね。もちろん、大変なこともいっぱいあるのだけれど。

**佐藤**　おっしゃる通り、会社というものこそ竜宮城、異界と考えるべきでしょう。みんなでワイワイ仕事をしていればよかった、毎日が忙しく過ぎていった――なんて日々は、定年退職後には数日間の夢のような話だったといわれれば、そんな気がします。毎朝、通勤ラッシュに苦しんでいるときはなかなかそう思わないかもしれませんが、行く場所がなくなる定年後に組織に属していた楽しい日々が終わったことを痛感すると思います。

**池上**　日常だと疑わない会社中心の生活が、実は一緒に踊ってくれる人がたくさんいる異界である。現役ビジネスパーソンは、今からその認識を持つことをお勧めします。

**佐藤**　少なくない人が、22歳でその異界の人となって、60歳を過ぎて「こちらの世界」に戻ってきたとき、そこには知り合いが誰一人いないことに気づくのです。近所の店だって、通勤路にあるコンビニぐらいしか入ったことがないから、どこに何があるのか、ぜんぜんわからない。
40年近く会社にいたといっても、振り返ってみたらあっという間でしょう。3年くらいと言われても、あまり違和感はないと思いますよ。自分にとってはそんな感覚なのに、その短い間に外の世界との落差は、どんどん大きくなっているわけです。そういう環境で、いきなり玉手箱を開けてしまったら、その途端にがっくりくるのが目に見えています。

**池上**　私の場合はリタイアではありませんが、54歳でフリーになって、家の近くに仕事場を借りて平日そこにいるようになったら、周囲にはお年寄りしかいないのです。ビジネスパーソン時代だったら、会社はもちろん、行き帰りの電車なんかでも、若い人がたくさんいるでしょう。平日昼は高齢者ばかりという地域の日常というのは、掛け値なしに衝撃でした。

**佐藤**　池上さんは、まだ50代半ばで、しかも現役バリバリでそういう実情を知ることができたから大丈夫なのです。多くの場合は、そんなこととは露知らず、リタイア気分で異界から帰還して、「こんなはずでは」ということになってしまうのだと思います。

**池上**　そのときに、「待てよ、人生に定年はないんだ」と考え直して、本当の意味での第2の人生に踏み出せるかどうかが勝負になりそうです。

**佐藤**　そうです。ビジネスパーソンの定年というのは、ようやく異界から戻って、陸に上がったところ。そこからは、心の中の玉手箱を開けるか開けないか、開けるとしたらいつにするのかの戦いが始まるのです。

**池上**　そこからの人生も十分長いですからね。

12

# あらためて「自己責任社会」とセーフティネットを考える

## 「アリとキリギリス」

◎あらすじ

ある夏の日、キリギリスはバイオリンを弾き、歌を歌って楽しく過ごしていた。一方、アリたちは、冬に備えて食料をせっせと家に運んでいた。「食べ物はたくさんあるじゃないか」と言うキリギリスに、アリは「冬になると、なくなってしまう」と答えるが、キリギリスは意に介さずに、またバイオリンを弾き始めた。

やがて冬になり、キリギリスは食料を探すものの、周りには何もなかった。困り果てたキリギリスは、最後に食料を分けてもらおうと、アリの家を訪ねる。しかし、冬になるまでキリギリスが何もしなかったことを知るアリたちが、彼の願いを受け入れることはなく、飢えて死ぬしかなかった。

［「アリとキリギリス」イソップ］

## キリギリスに厳しい日本の若者

**池上**　これも知らない人がいないイソップ寓話で、メッセージも大変わかりやすく「働かざる者、食うべからずである」と。とはいえ、最後にキリギリスが餓死してしまうというのは、特に子ども向けには刺激が強すぎるということで、古くから様々な改変が行われました。日本の絵本などでも、大抵「アリに食べ物をもらう代わりに、キリギリスは改心して、働き者になりました」という大団円のストーリーになっています。

**佐藤**　プロローグで紹介したディズニー映画のパターンですね。

**池上**　ちなみに、イソップ寓話というのは、古代ギリシアの作家アイソーポスの作品がルーツだとされますが、この話はもともと「アリとセミ」、あるいは「アリとセンチコガネ」だったそうです。センチコガネというのは、いわゆるフンコロガシの仲間のようなものですが、いずれも話のパターンは、キリギリスとほぼ同じです。話がヨーロッパ北部に伝わる過程で、当地になじみの深い昆虫であるキリギリスに置き換えられた、といわれています。日本には、イエズス会の宣教師によって伝えられ、江戸時代初期から『伊曽保物語』として出版されて、広まっていきました。

話を戻すと、キリギリスが改心したストーリーにおいても、「正直な働き者」であるアリの生き方を見習うべきだ、という全体の構図は変わらないわけですが、これもプロローグでお話ししたように、「キリギリスが訪ねていったら、アリはことごとく過労死していた」といったブラック・ジョーク的な作り変えも行われたりしています。原典で語られる教訓があまりに直截なために、かえっていろんな改変をしたくなるのかもしれません。

**佐藤**　今の過労死の例は一つの典型だと思うのですが、こういう話の受け取られ方というのは、その時代をするどく反映します。

**池上**　やはり、日本の高度経済成長期みたいな環境だと、「君はキリギリスでいいのか。アリになれ」という語りは、好んで使われるわけですね。通りもいい。もともと日本人は、アリのような生き方を潔しとするメンタリティが強いですから。

**佐藤**　ロシア人は、そもそも働きアリとかハチとかには、ネガティブなイメージを持っているんですよ。働きバチというのは、丸ごと搾取されているイメージです。

**池上**　そうなんですか。まあ、ミツバチは一生懸命集めた蜜を全部人間に搾り取られてしまいますから、おっしゃる通りなんだけど。

**佐藤**　だから、ロシア語の通訳では、「働きバチ」という日本語にはよく注意しろ、と言われるのです。人間のたとえとして使う場合には、「無駄な労働をしている」というニュアンスが非常に強いですから。

今の日本でも、この話は、かつての高度成長期やバブル期のようには流行らないですよね。とりわけZ世代がこういうのを聞くと、「もううんざり」という感じになるのです。どうして「24時間働けますか」の価値観が称揚されるのか、と。

**池上**　むしろ、そういう価値観を改めましょう、という環境の中で育ってきた彼や彼女たちにとっては、良し悪しの前に理解不能な物語になっていても、不思議はありません。

**佐藤**　ですから、この「アリとキリギリス」は、世代間ギャップを測るいいリトマス試験紙でもあるのです。

一方で、これは教えている学生にもよく聞くのです。「あなたがアリだったら、訪ねてきたキリギリスをどうしますか？」と。

**池上**　面白いですね。どんな反応なのでしょう？

**佐藤**　ほとんどの学生が、「そういうのは追い返すべき」と即答するんですよ。

**池上**　へえ、結構みんな厳しいんですね。あくせく働くのもどうかと思うけれど、遊んでいた人に手を差し伸べるようなこともしたくはない、ということですか。

**佐藤**　要するに、ズルして得するようなフリーライダーを認めるな、という発想なんですね。そういう反応をみると、新自由主義的なものが、いかに若い世代にも深く浸透しているのかを、あらためて痛感せざるを得ないわけです。最後、キリギリスがアリの巣の前で息絶えるイソップの原典の話は、今の新自由主義ととても相性がいい、という言い方もできるでしょう。

**池上**　現代の社会を映してみる鏡としては、大団円の絵本の世界ではなく、もともとのシビアな話がふさわしい。

**佐藤**　つまるところ、これは自己責任の話です。アリは将来に備えて蓄えたから助かった。それを怠ったキリギリスが窮地に陥るのは当然で、今さら助けを乞うのはお門違いではないのか。

**池上**　そのように読むと、ますます「乾いた」話になります。でも、おっしゃるように、それは今という時代の現実でもあります。ごく最近でも、新型コロナが猛威を振るったさなか、その手の自己責任論が噴出したのは、記憶に新しいですよね。例えば、エンタメ系の仕事がなくなったといっても、それはあなたが好きで選んだ道なのでしょう、という類の話です。知らず知らず、我々の周囲はオリジナルの「アリとキリギリス社会」になっていたようです。

**佐藤**　そういうことだと思うのです。

## 自己責任論の行きつく先は

**池上**　とはいえ、身に降りかかる災難というものは、一見当人の責めに帰すべきものに見えて、よくよく背景を探ってみると、そこに酌むべき事情があったりします。

**佐藤**　「アリとキリギリス」の基となった「アリとセンチコガネ」では、センチコガネの餌である糞が雨に流されてしまった結果、彼は食べ物に窮してしまいます。そのように、アクシデントや天変地異などの不可抗力によって、生活の糧を奪われてしまうようなこともあるわけです。

**池上**　新型コロナも予期せぬ天変地異のようなものでした。

**佐藤**　その人の境遇や社会的な機能の脆弱さといったものが、不幸を呼び寄せてしまうこともあります。あえてわかりやすい例を挙げると、2008年に東京・秋葉原で無差別殺傷事件が起きました。

**池上**　犯人の加藤智大・死刑囚は、2トントラックを運転して赤信号を無視して通行人をはね、さらにトラックから降りて、周囲にいた人や警察官をナイフで次々に刺した。犠牲者は7人に上るという惨事でした。

**佐藤**　凶行に及んだ大きな動機は、勤めていた自動車整備工場から「派遣切り」に遭ったことでした。さらに、彼のアイデンティティの基盤だったネットの掲示板が、なりすましなどによって荒らされ、異議申し立てをしたにもかかわらず、管理人に対応してもらえなかった。遡れば、子ども時代には親から軽い虐待も受けていた、とも報じられています。もちろん、だからといって犯行が正当化されるものではありません。

**池上**　それは当然として、なぜそんな事件を起こすに至ったのかという「酌むべき事情」にも、もっと目を向けるべきだったということですね。

**佐藤**　そうです。例えば、派遣切りに遭った際に、社会構造としてしっかりしたセーフティネットがあれば、「人を殺してもかまわない」というほどの自暴自棄に陥ることはなかったでしょう。人生のどこかで彼に真剣な援助の手が差し伸べられていたら、あんな事件を起こすところまでいかなかったはずなのです。

**池上**　秋葉原事件に関するおっしゃるような主張は、「そんなことは、誰の身にも起きることだ」「身勝手で異常な人間が起こした凶悪犯罪だ」といった声に打ち消されがちでした。

**佐藤**　そういうかたちで当人を処刑して一件落着というのには、私は納得がいかないのです。最近で言えば、安倍元首相が射殺された事件も、構造は似ています。

**池上**　犯人の母親が旧統一教会に法外なお金を寄付したことで、家庭が崩壊した。その恨みを募らせた末の犯行とされます。単なる恨みなのか、旧統一教会に政治的なダメージを与えようとしたのか、不明な点はあるのですが。

**佐藤**　重要なのは、山上徹也被告人が「公」に訴えたりせずに、「自ら手を下す」という俗人的な解決方法を選んだという事実です。宗教団体に1億円も寄附して自己破産に至るような状況だったなら、何らかの法的な対応を取るとかメディアの力を借りるとかの方策を考えてもいいはずなのに、彼はそういう解決は無理なのだ、と決め込んでいたことになります。

池上　明らかになった事実を見れば、途中でどうにかならなかったのか、と不思議なくらいです。

**佐藤**　日本の民主主義のシステムが正常に稼働しているならば、どこかで歯止めがかかったでしょう。でも、実際にはやはり周囲からサポートを受けることはなく、一人追い詰められた結果、ああした形で決着をつける道を選んだわけです。

**池上**　ちなみに、この山上被告人も非正規労働者で、何度も職場を変わっていたといいますから、そうしたことが犯行のバックボーンになった可能性があります。

**佐藤**　自己責任で片づけるのは、ある意味で楽なのです。しかし、場合によっては、このように犯罪という形で暴発することもある。「お前キリギリスだろ」で切り捨てることの怖さというものを、我々はもっと認識すべきではないでしょうか。

**池上**　こうした特異な犯罪というのは、社会のシグナルでもあります。最近よく、「寄る辺なき若者」といった言い方がされますが、特に都会に出てきたものの相談相手もいないような孤独な人が、今はたくさんいるわけですね。若者に限らないのですが。

**佐藤**　新自由主義的な世の中で、置き去りにされやすい人たちです。

**池上**　そういう社会で自己責任ばかり説いていれば、いつか強烈なしっぺ返しを食らうかもしれません。

## アリに頼んだのが間違いだった

**佐藤**　「アリとキリギリス」の話では、そもそも餌を蓄えているアリにお願いに行くという発想自体が、新自由主義的ですよね。

**池上**　本来はセーフティネットがあって、そこに頼みに行くのが筋でしょう。キリギリスを拒絶したアリの言い分も、わからないではありません。彼らにも生活があるし、冬を越さなければならないのだから。

**佐藤**　社会全体の安全網をアリに担わせるというのは、無理があります。だから、アリもキリギリスもちゃんと税金を払って、昆虫界の生活保護のシステムを構築しておくべきでした。

**池上**　その場合、住民たちを見守る民生委員は誰がいいのでしょうか。

**佐藤**　クモみたいな肉食系はダメですね。相談に行ったら食べられてしまう（笑）。専守防衛のダンゴムシなんかがいいかもしれません。

**池上**　冗談めかした話をしていますが、現実社会でも民生委員のなり手不足は深刻です。生活保護についても、仕組みさえよくわからないまま餓死したり、犯罪に走ったりといった事例が、しばしば報告されています。

**佐藤**　はっきりしているのは、「アリとキリギリス」のフレームでいろいろ解釈しているだけでは、不十分だということですね。それを超えた社会システムを再構築して、ちゃんと機能させていく必要があるわけです。

**池上**　そのためには、「世の中には、キリギリスもいるんだ」という社会的な合意が必要になるでしょう。

**佐藤**　アリもいればキリギリスもいて、それで社会は成り立っている。社会にそういう感覚を呼び覚ますのは、非常に重要なことです。

**池上**　そもそも、アリの世界だって一様ではないと言われていますよね。集団を「よく働く・普通・働かない」に分けると、よく働くアリが全体の2割、普通のアリが6割、働かないアリが2割になるのだ、という「働きアリの法則」という俗説があります。働かないアリは「腰の重い社員」のようなもので、普段はよく働くアリに仕事が集中します。しかし、よく働くアリばかりだと、やがて組織の維持が難しくなってしまう。なぜなら、みんなが疲弊して、仕事の効率が一気に低下してしまうからです。

**佐藤**　そういう環境が不正の温床になったりもします。いざとなったら代わりができる「腰の重い社員」も、組織には必要なのです。

**池上**　ところで、「アリとキリギリス」には、実は冬になればこうなることをわかっていたキリギリスが、アリたちの前で「もう僕は十分歌ったから、死んだら餌にしていいよ」と語るバージョンもあります。

**佐藤**　遊んでいるようで、人生を達観していた。

**池上**　アリと「死んだら食べてもいいから、それまで養ってほしい」という契約を結べば、むげに断られることはなかったかもしれません。最近コマーシャルでやっている「リースバック」みたいなものです。ローンの残っている自宅を会社に売って、そこと賃貸契約を結んで住み続ける。

**佐藤**　「生命保険の買い取り」もそうですね。急にまとまったお金が必要になった場合、普通に保険を解約して返戻金をもらうと、損が出ます。そこで、その保険を丸々買い取ります、というビジネスがあるのです。解約返戻金よりも高い値段で買い取ってくれるうえに、以後の保険料も支払う必要はなし。ただし、死亡保険金は買い取った人のものになります。

**池上**　これもまたドライなお話ですが、キリギリスには、そんな自助努力の選択肢もあるということになるのでしょう。もちろん、社会的なセーフティネットがしっかり確立されたうえでのお話ですが。

# 第三章

# 競争社会の人間性

# 13 いじめの構造「白雪姫」

◎あらすじ

　ある国の女王は、国中で一番美しい人物を尋ねると答えてくれる不思議な鏡を持っていた。女王はいつも鏡の「あなたこそ、一番美しい」という答えに満足していた。ところが、亡くなった前の女王の子どもである白雪姫が7歳になったある日、鏡は「白雪姫はあなたの千倍美しい」と答える。妬ましさに駆られた女王は、狩人に白雪姫を森に連れて行き、殺すよう命じた。しかし、白雪姫を不憫に思った狩人は、殺さずに森の中に置き去りにする。

　ひとり森に残された白雪姫は、7人の小人たちと出会い、彼らの家で生活を共にするようになる。一方、白雪姫が死んだと思っていた女王は、鏡が「世界で一番美しいのは、7人の小人の家にいる白雪姫」と答えたことで、姫が生きていることを知る。そこで、自ら物売りなどに化け、白雪姫の殺害を試みる。何度かの失敗の後、毒リンゴを食べさせられた白雪姫は、息絶えてしまった。
悲しんだ小人たちは、遺体をガラスの棺に入れ、山の上に安置した。ある日、そこに王子が通りかかり、あまりの美しさに、棺ごと白雪姫をもらい受けることになった。ところが、棺をかついでいた家来が木につまずいて棺が揺れた拍子に、白雪姫の喉からリンゴのかけらが飛び出し、姫は息を吹き返した。王子は、生き返った白雪姫を自分の国に連れ帰り、妻として迎えたのだった。

［「白雪姫」グリム］

## 領域を侵犯した女王の罪

**池上**　菊池寛訳のグリム童話です。ラストは、王子と白雪姫の結婚式に出かけた女王が、真っ赤に焼けた靴を無理やり履かされて、倒れて死ぬまで踊らされる、という結構残虐なシーンになっています。わざわざ、そんな処刑の仕方をしなくてもいいのに。（笑）

**佐藤**　見たくないものがあったら排除する。せめてそれで済ませておけばよかったのに、この女王様は、許されない領域侵犯を犯しました。その見せしめかもしれません。

**池上**　領域侵犯ですか？　それもまた佐藤流の解釈ですね。

**佐藤**　７人の小人が出てくるのですが、物語に登場する小人とか狼男とかというのは、キリスト教会を破門された人を表しているんですよ。

**池上**　異端ということですか。

**佐藤**　そうです。宗教裁判で破門された後、刑事裁判になると、死刑判決が言い渡されるのですが、執行はしたくない。殺すと怨霊になって、とりつかれるかもしれないからです。だから、そういう人たちは森に行かされるわけです。森というのは、キリスト教社会の共同体から排除された人たちの住む領域と理解すればいいでしょう。縁切寺のようなアジール（聖域）という言い方もできます。

**池上**　白雪姫は、アジールである森の小人の家に命からがら逃げ込んで、庇護を受けていた。

**佐藤**　ただ、当然アジールにはアジールの掟があります。事情を知った小人たちは、白雪姫にこんなことを言います。

「もしも、おまえさんが、わしたちの家の中のしごとをちゃんと引きうけて、にたきもすれば、おとこものべるし、せんたくも、ぬいものも、あみものも、きちんときれいにする気があれば、わしたちは、おまえさんを家においてあげて、なんにもふそくのないようにしてあげるんだが。」

（「白雪姫」グリム、菊池寛訳）

**池上**　美しい白雪姫に目いっぱい同情しつつも、こっちの世界に住む以上、やるべきことはやってもらうよ、と。（笑）

**佐藤**　秩序は守ってもらいます、ということです。それを白雪姫は、「どうぞ、おねがいします。」と受け入れたわけですね。ただし、こうして森の住人になった人は、町に戻ることはできません。

**池上**　その覚悟がなければ、縁切寺の門はくぐれませんよね。

**佐藤**　そして、町の住人たちもまた、森と行き来したりすることは許されないのです。ところが、嫉妬に狂った女王は、白雪姫の命を奪う目的で、姿を変えて二度三度と森に足を踏み入れました。

**池上**　なるほど、絵に描いたような領域侵犯だ。

**佐藤**　これは、してはならないことでした。たとえ女王であっても、別の秩序の支配するところでは、勝ち目がないのです。「白雪姫憎し」の感情が先に立つあまり、女王には、その大事なところが見えなくなっていました。

私にはこの女王の行動原理は、自分たちの価値観こそ絶対と信じて疑わない、現代のアメリカ流グローバリズムに通じるものがあるように感じられます。

**池上**　確かにあの国の権力者は、毎日鏡に問いかけながら、世界に睨みを利かしているような気がしますね。（笑）

**佐藤**　自らが正しいと考える原理が傷つけられたりするのを、許すことができないのです。

## 白雪姫の「悲劇」は繰り返される

**池上**　ただ、一生を森で過ごすはずだった白雪姫は、偶然現れた王子様によって、奇跡的に町に連れ戻されることになりました。

**佐藤**　そして白雪姫の命を狙った女王は失脚するわけです。これは一種の政権交代、革命と言ってもいいでしょう。

**池上**　「白雪姫」は革命の物語でしたか。（笑）

**佐藤**　白雪姫は、王子が王になれば、その国の女王様です。そうなったときに往々としてあるのが、今度は自分が魔法の鏡に問いかけるようになること。「この国で一番美しいのは、だあれ？」と。（笑）

**池上**　いや、あり得る話だと思います。いったん縁切寺の住人にまで落ちた自分が、国のトップになるのだから。

考えてみると、彼女にはその「素質」があるのかもしれません。継母の女王が「死の舞い」を踊らされたのは、自らの結婚式でした。白雪姫は、当然目の前で見ていたはずなのに、「かわいそうだからやめさせて」と訴えるような描写は、一切ないんですね。

**佐藤**　ほくそえんで眺めていたのかもしれません。

**池上**　いやいや、これも深読みすればするほど、グロテスクな話になってきます。

**佐藤**　ただ、普遍性はあると思うのですよ。女王の白雪姫に対する嫉妬心は、強烈な自己愛の裏返しです。

ちなみに、精神科医の斎藤環さんが、2022年『「自傷的自己愛」の精神分析』という本を出しましたが、そこでは、「生きている価値がない」「ブサイクだから異性にモテない」などと自分をディスることによって、アイデンティティを確立しようとする人たちについて論じています。そういう人が会社でも学校でも増えているのだそうです。

**池上** そうなんですね。

**佐藤** 自分を限りなく有能だと思っている人も、そういう「自傷的」な人も、ベクトルの向きは違うけれども、自分に対する関心が過剰だという点では同じです。邪魔者は消してしまおうというほどの女王の自己愛は異常だとしても、似たようなタイプの人は、どこの組織にもいるのではないでしょうか。

**池上** いますねえ。例えば、どうしてもマウントを取らないと気が済まない人。その人がいなくなってほっとしていると、また別の「女王様」が現れるわけです。当然のことながら、女性に限った話ではありません。

**佐藤** 男の嫉妬のほうが陰湿だったりします。出世や権力が絡んでくるケースも多いですから。ともあれ、自己愛が過剰な人が陥りがちなのは、「とにかく他人から認められたい」という承認欲求のシンドロームです。特に一番になった場合には、もう2番では我慢できなくなる。だから、女王となった白雪姫も鏡が手放せなくなって、ある日、新しい白雪姫が現れたら、もう平静ではいられなくなるはずです。そういう女王様の再生産というか、抑圧の反復構造が見えてくる物語です。

**池上**　みんなから「美しい、美しい」ともてはやされた白雪姫の人生も、どうやら幸せ一色ということにはなりそうもありませんね。

**佐藤**　図らずも「町で一番」の存在になってしまったばかりに、死ぬまで競争しなくてはならなくなりました。小人たちとアジールにいたままのほうが、心穏やかだったのではないでしょうか。

## 「白馬に乗った王子」はやってくるのか

**池上**　さきほども言いましたけど、この物語のキーマンは、森に迷い込み、そこで偶然ガラスの棺に納められた白雪姫を発見した王子様です。物語の終盤になって登場した彼が、白雪姫の運命を劇的に変えたわけですから。

**佐藤** 陰の主役と言っていいでしょう。

**池上** しかし、小さな女の子が絵本などでこれを読めば、「将来、私の前にも王子様が現れて、助けてくれるはず」という「王子様願望」に取りつかれても、おかしくはないでしょうね。「白雪姫」の物語が、ずっとそういう見果てぬ夢を拡散してきたのは、事実だと思うのです。

**佐藤** それに一役買ったのが、ディズニー映画です。ディズニーでは、白雪姫は王子様のキスにより息を吹き返します。

**池上** そうそう。ただし、残念なことに、人生を変えてくれるような「白馬に乗った王子様」が現れるなどということは、現実にはまずないわけです。

**佐藤** 「王子様待望論」が過ぎると、たぬき親父みたいな人間に騙されるかもしれませんから、注意しないといけません。(笑)

**池上** まあ、ディズニーにしても日本の少女漫画にしても、単純に「王子様願望」を描くようなコンテンツは、以前に比べれば少なくなっている感じはします。

**佐藤** やはり、そういうものが時代にそぐわなくなっていますから。漫画などのエンタメは、リアリティを失った瞬間にそっぽを向かれてしまいます。

**池上**　現代の女性が「白雪姫」から教訓を汲み取るとしたら、「白馬の王子はいない」という事実を再確認すること。

**佐藤**　キーワードは「自立」ですね。

**池上**　そうです。アジールから現実の世界に戻りたくなったら、勇気を持って自ら毒リンゴを吐き出すことです。助けを待っているだけでは、現実を変えることは難しいのです。

# 14 秘密は自分の口から漏れる「因幡の白兎」

◎あらすじ

　昔あるところに、八十神《やそがみ》という神様の兄弟がいた。因幡の国にいる八上姫《やがみひめ》に求婚しに行こうという道中で、ワニザメに毛をむしられて泣いている兎と出会う。意地悪な神たちは、「海水を浴びて、風に当たれば治る」と嘘をつく。信じた兎だったが、実際にやってみると痛みはひどくなる一方だった。

　そこへ、他の神様たちの荷物を持たされた大国主が、遅れてやってきた。泣いている兎を見て理由を聞くと、兎はわけを語った。隠岐島にいた兎は、どうにかして因幡の国まで渡ってみたいと考え、ワニザメに、「あなたたちと私たちの種族は、どちらのほうが多いか数えてみよう」と持ち掛けたのだった。そして、隠岐から因幡まで、ずらっと並んだワニザメの背中の上を、数を数えるふりをしてぴょんぴょん渡り、対岸まであと少し。ところが、嬉しくなって、つい「お前たちは騙されたのさ」とからかったために、ワニザメの怒りをかい、毛を剝ぎ取られ丸裸にされてしまったのだった。

大国主は、兎をかわいそうに思い、「真水で体を洗い、蒲の穂の上で寝ころべばいい」と教えた。傷がたちまち癒え、毛も元通りになった兎は、「あなたこそが八上姫の婿になるお方です」と言った。

八上姫のところに着いた八十神だったが、求婚しても相手にされなかった。しかし、遅れて大国主がやってくると、八上姫は兎の予言通り、「あなたの妻にしてください」と言うのだった。

［「因幡の白兎」］

## 日本海に開けた「出雲」の物語

**佐藤**　これは、いわゆる出雲神話の一つで、『古事記』に出てきます。

**池上**　昔は、絵本などに、ずらりと並んだワニの背中を兎がぴょんぴょん飛んでいくシーンが描かれていたりしたのですが、神話とはいえ日本海にワニがいたというのは、つくり過ぎ（笑）。あのへんの方言で、サメのことを「わに」と言うんですね。おっしゃるように出雲神話なのですが、白兎が上陸したのは因幡、今の鳥取県でした。

**佐藤**　池上さんは、NHKの記者時代に島根にいたのですよね。

**池上**　1973年に入局して、最初に配属されたのが松江放送局でした。

**佐藤**　島根のメンタリティって、どんな印象を受けました？

**池上**　一言では答えにくい質問ですね（笑）。ただ、同じ島根でも、出雲というのは別格な感じを受けました。ここには出雲大社があるのだから、と。

**佐藤**　神無月には、日本中から神様がいなくなるのだけれど、みんな出雲に結集しているんですね。アマテラスの地上の国と、スサノオの黄泉の国との出入り口。だから、特別な場所なんだという意識でしょうか。そういうアイデンティティは、あくまでも出雲の版図の中のものなのですか？

**池上**　そうですね、例えば西の方の銀山で有名な石見まで行くと、それはないですよね。あのあたりは言葉も出雲弁とは違って、こう言うと怒られるかもしれないけれど、広島弁をかなり柔らかくした感じ。（笑）

　それに対して、出雲弁というのは、あそこを舞台にした松本清張の『砂の器』でも描かれたように、ズーズー弁なのです。かつて日本海ルートで東北と交流があった名残ではないかと言われていますよね。山陰地方というのは、もともと日本海の交通路によって北側に開けていたわけです。

**佐藤**　私は、竹島問題に関心があったのと、日本史の後鳥羽上皇とか後醍醐天皇とかに興味があって、二度ほど隠岐島に渡ったことがあります。

**池上**　流刑地でしたから。

**佐藤**　あの海上を高速フェリーで走っていると、おっしゃるように、このあたりの社会は日本海に向けて開けているんだ、というのを実感します。

**池上**　出雲に十六島という岬があります。山陰でも屈指の美しい海岸線があるのですが、十六島と書いて「うっぷるい」。これは朝鮮語の古語がルーツではないか、という説もありますね。

## サメが「手加減」した理由

**佐藤**　そういういわば特殊な地域が舞台の神話なのですが、ここには現代まで通用する非常にシンプルかつ重要な教訓が語られています。あともう少しで陸まで渡り切るというミッションを成し遂げるところまでいった兎が、最後の最後に「本当のこと」をサメにポロッと漏らしたために、捕らえられて毛を剝がれるという憂き目に遭った。「世の中には『言ってはいけない』ことがある。余計な種明かしをすべきではない」という話の教材として、私はこの「因幡の白兎」も外務省時代によく使っていました。

**池上**　最大の教訓は、大国主が兎を助けてあげた優しい神様だったから、お姫様と結ばれました、という本筋の話ではなくて、そこですか。（笑）

**佐藤**　そう。主人公は白兎。

**池上**　外交という〝切った張った〟の世界に日々身を置いていた佐藤さんだからこそ、兎の言動は捨て置くことができなかったのでしょう。

**佐藤**　この兎は、根っからの愚か者ではなかったのです。どうしても海を渡りたいと考えたとき、泳ぎ切るのは難しい。ワニザメに背中に乗せて連れて行ってくれと頼む方法もあるけれど、恐らく彼らはそういう依頼を引き受けてはくれない性格だとわかっていた。そこで、一計を案じて「一族の数合わせをしよう」という嘘話をもちかけたのですね。ワニザメたちの競争心を利用したわけです。

**池上**　そこまではよかったのだけど、最終局面でしなくてもいいことをしたために、自滅してしまった。なるほど、実際の外交でもありうる話です。

**佐藤**　この場合、泳いで渡ろうとして溺れようが、サメに断られようが、あと1メートルのところで自滅しようが、ミッションを貫徹できなかったという結果に違いはありません。インテリジェンス的には、どれも0点なのです。

一方、このケースでは、ワニザメの方に自制のメカニズムが働いていることにも注目すべきだと思うんですよ。自分たちを騙した兎を捕まえたのだから、毛を剝ぎ取るような面倒くさいことをせずに、問答無用で食い殺すこともできたはずです。

**池上**　サメからすれば、十分「手加減」したということですね。

**佐藤**　そうです。サメたちは、合理的十分性の範囲内で兎に警告を与えました。ちなみに合理的十分性というのは、ソ連時代のゴルバチョフ（共産党書記長）が提唱したドクトリンで、簡単に言えば、軍備を合理的に十分な防衛の必要性を超えない限度にとどめる、というものです。要するにサメたちは、「こういうことは、二度とするんじゃないぞ」という懲罰的抑止を実行したのです。

**池上** 徹底的にやっつけるのではなく、抑止にとどめたのには、何か理由があるのでしょうか？

**佐藤** ここで兎を殺してしまえば、兎一族との全面戦争になりかねない、と考えたのではないでしょうか。弱そうに見えて、自分たちをまんまと騙すだけの知略の持ち主ですからね。サメにとってもやっかいな相手だったのだと思います。だから、兎が行った卑劣な行動に見合う範囲の反撃で対応したわけです。

ウクライナ戦争を論じる「識者」には、殴りかかってきたロシアに対して、ウクライナは一発殴り返すことが必要で、停戦交渉などはその後だ、という中身のことを主張する人がいます。

**池上** とにかく、ウクライナは反転攻勢しなくてはならない、と。

**佐藤** これなどは、「とりあえず、ロシアの毛を剝ぐくらいの反撃をせよ」ということですよね。ただ、ここで問題になるのは、はたしてウクライナに合理的十分性まで意識した行動が取れるのだろうか、ということです。

**池上**　自分たちに圧倒的な力があってこそ、「手加減」が可能になります。その余裕は、今のウクライナにはないですね。

**佐藤**　他国の支援を頼んで先の見えない総力戦を展開している、というのが実情でしょう。このままでは無駄な血が流れるだけでなく、例えば核の使用といったより不幸な状況を引き寄せるだけだ、と私は思うのですが。

**池上**　そういう認識は、しっかり持っておく必要があると感じます。それにしても、「因幡の白兎」からウクライナ戦争まで話が展開するとは、思いませんでした。

## 我々の中にある「兎の慢心」

**佐藤**　神話に話を戻すと、首尾よくサメの背中を利用することに成功した兎は、陸に降り立って身の安全を確保してから種明かしをすれば、痛い目に遭うことはありませんでした。

**池上**　ワニザメに頭数を教えて、黙って行ってもよかった。

**佐藤**　そうです。仕事に引きつけて言えば、どうしても手柄話をしたいのならば、リタイアしてから自伝にでも書けばいいのです。

**池上**　兎は、ワニザメを騙して有頂天になってしまいました。そして、自分がいかに有能なのかを、怖い怖いワニザメたちの前で口走ったわけですね。慢心したというしかありません。

**佐藤**「兎と亀」の兎も、敗因は慢心して居眠りしたことでした。能力は高いのに、その性格のために、自分で窮地に陥ってしまう。

**池上**　いますよねえ、そういう人は。

**佐藤**　我々現代人も、この兎を笑えない現実があります。例えば、不倫の発覚などというのは、ほぼ「自滅パターン」と言っていいでしょう。自分に都合の悪いことがどこから漏れ出したのかを探っていくと、実は本人の口からだったということが少なくないのです。

**池上**　仕事上で多いのは、どうしても自慢したくなって、「これはオフレコなんだけど」って重要な秘密を漏らしてしまうパターンです。例えば、勤める会社がやろうとしていたM&A（企業の買収、合併）の話が日本経済新聞に抜かれて、直前にポシャるようなことがあるでしょう。自分はこのプロジェクトに関わっているのだ、みんなが見えないところでこんなに苦労しているんだ、というのを少しでも認めてほしいという思いがあるものだから、ついつい誰かにしゃべってしまう。冷静に考えれば、その一言が身の破滅につながるリスクが、多分にあるにもかかわらず。

**佐藤**　腕のいい記者は、そういう現場の思いを逆手にとって、特ダネをものにしたりもします。官庁に行って「局長、これ知らないんですか?」とかまをかける。知らないと沽券にかかわると思うから、その局長は全力でその件について調べて、記者に「報告」するのです。

**池上**　別に「知らないよ」ととぼけていればいいのに、しゃべるように仕向けられてしまうわけですね。

**佐藤**　知らないと恥だという意識が、特に日本人の場合は強くありますから。いずれにしても、自分の身を守るためには、「余分な一言」はご法度なのだということを、心に刻むべきだと思います。

**池上**　さきほどの自伝の話ではありませんが、自慢話はいつでもできますから。でも歳を取ってからそういうことばかり言っていると、確実に煙たがられますので、十分注意

が必要ですけれど。（笑）

## 「余計なことは知らなくていい」の処世術

**佐藤**　情報のやり取りには、「聞き手」としての心構えもあります。インテリジェンスの世界に、「need to know の原則」というのがあります。普通は、情報セキュリティの観点から、「誰とでも情報を共有するのでなく、必要な人だけに伝える」という意味で使うのですが、「必要な情報だけ知っておく」というニュアンスの使われ方もします。

**池上**　つまり、あえて知らないことがあってもいい、ということですね。

**佐藤**　だから、余計なことは教えないでください、と（笑）。例えば、こんな話があります。

私が尊敬している人物の一人に、イスラエルの情報機関モサドの長官をやったエフライム・ハレヴィという人物がいるのですが、彼はモサド副長官を務めた後、ＥＵ（欧州連合）の大使になって、一度組織から引退しているんですね。ところが、ある日、モサドから「すぐに来てほしい」という連絡が入ったのです。何ごとかと思って戻ると、ヨルダンの首都アンマンでモサドのエージェント2人が、イスラム原理主義組織ハマスのカレド・メシャールという幹部を暗殺しようとして未遂に終わった。自国でそんな事件を起こされたヨルダンのフセイン国王は怒り心頭に発していて、国交断絶も辞さずという勢いだ、と聞かされます。イスラエルがヨルダンと国交を樹立したときに直接交渉したのがハレヴィさんだったし、どうにかならないか、という要請でした。

するとハレヴィさんは、途中でモサド側の説明を遮って、「オペレーションの失敗の細部を、これ以上教えないでくれ」と言ったそうです。「知っていると、いろいろ弁解しなければならなくなる」というのが理由でした。そうやって「手ぶら」でヨルダンに出かけて行って、結果的にはウルトラCの解決策を繰り出して話をまとめ、帰ってくるのです。

**池上**　面白いですね。そういう場合には、「知り得る限りの情報を教えろ」というのが常道だと思いますが。

**佐藤**　それが普通のインテリジェンスオフィサーなのだけれど、さすがにモサドのトップになる人は、違ったわけです。こうした突発的な状況においては、余計な先入観にとらわれないほうがうまくいく、というのを経験上わかっていたのかもしれません。情報の世界で本当に成功できるのは、そういうふうに不必要なことを言ったり聞いたりしない、「兎型」ではない人間だということでしょう。

**池上**　普通の会社などでも、なまじみんなが知らないようなことを聞かされると、つい他でしゃべって大騒ぎになったりしますから。「この情報はいらない」と思ったら、「私には教えないでいい」とシャットアウトするのも、組織で生き延びる知恵と言えますね。モサドの長官とはレベルが違うけれども、私も会社にいた頃に、そういう対応をしたことが何度かありました。

**佐藤**　もちろん、必要な情報は、しっかり聞いておかなくてはなりません。あえて付け加えておけば、人にそういうのを「吐かせる」テクニックというのもあります。

例えば、外務省時代、「佐藤さんについて、こういう悪口を言う人間がいます」と進言してくる部下がいました。誰が言っているのかを尋ねると、「いや、それはちょっと」と。悪口の中身にもよるのですが、それが自分の業務に深刻な影響を与えるような場合には、私は「ならば、君がこの話の発信源だとみなすからね」と対応しました。もちろん、そうではないのがわかったうえで、です。

**池上**　まさに「吐かせる」テクニック。(笑)

**佐藤**　そうすると、大抵ソースを「ゲロ」してくれる（笑）。そして、即座に当人のところに出向いて、「文句があるのなら、直接話に来い」とやるわけです。そういうふうに、根拠のない話は元から絶つということをやったために、省内では誰も私の悪口を言う人間がいなくなりました。おかげで、仕事を円滑に進められるようになったのです。

**池上**　円滑にはできたかもしれませんが、敵もいっぱい作ったのではないでしょうか。

**佐藤**　そうですね。しかし、当時は、それもやむを得ない、という気持ちでした。堂々と批判するならともかく、陰で根も葉もない話を流布するようなタイプの人間が周囲にいると、仕事を失敗する可能性が高まります。与えられている仕事の性格上、失敗は許されませんでしたから。

**池上**　強い使命感ゆえの対応だったわけですね。

## 他人のアドバイスを鵜呑みにするな

**佐藤**　この「因幡の白兎」には、わりとあっさり書かれているのでスルーしがちな教訓が、もう一つあると思うのです。

池上　それは？

佐藤　どんなに立派に思える人の言うことであっても、そのまま信じるのは危険だ、ということです。ワニザメたちを騙すという行為で毛を剝ぎ取られた兎は、自業自得とはいえ、泣いて苦しんでいたのですよね。その彼に嘘を言ってわざと海水に浸からせ、さらに窮地に追い詰めるようなことを、他ならぬ神様たちがやるわけです。

池上　確かに、悪事を働いた兎にさらに罰を与える必要があるとかいうのではなく、単に意地悪をしてやろうという愉快犯みたいなもの。ある意味、ワニや兎よりも悪質です。

佐藤　神様でさえそんななのだから、まして人間には注意したほうがいい。人のアドバイスは鵜呑みにしてはいけない、という警告です。

池上　八百万の神とはよく言ったもので、神様にもいい神様もいれば、そうでない神様もいるわけです。

佐藤　しかも面倒くさいのは、時々いい神様で、時々悪い神様になるという両面を持ち合わせている場合があることです。スサノオノミコトは、正義感が強い乱暴者でしょう（笑）。どちらかに決まっていてくれたらわかりやすいのですが、理解が難しいのです。

池上　人間も同じ、ということですね。

一応、この神話の本筋である、兄弟の荷物を背負い、傷ついた兎に優しくした大国主が最後はハッピーになりました、というところも教訓として挙げておきましょうか。情けは人のためならず。

**佐藤**　そういうところを、意外に人は見ています。

ところで、八上姫は、他の兄弟たちから遅れてやって来た大国主を伴侶に選びました。このラストから私が想起するのは、鳩山由紀夫元首相が政治家になる前に書いた論文なのです。ほとんど知られていませんが、鳩山さんは、東大工学部卒業後にスタンフォード大学に留学して博士号を取得した「本物の学者」なのです。私が読んだのは、ロシアの数学者、アンドレイ・マルコフが唱えたマルコフ連鎖確率に関する、次のような研究でした。

1000人いる女性の中から最高のパートナーを見つけるには、何番目で決めるのがいいのか。まず、1番目は絶対に断らなければならない。そして368人目までを断ったうえで、その368番目の女性を基準にして少しでもいい人を選べば、その人が最適なパートナーである可能性が高い。このことを、複雑な計算式で割り出し、証明しているんですよ。

**池上**　なるほど。早い順番の相手は断ったほうが、いい相手にめぐり合う確率が高くなる。

**佐藤**　もしかすると、八上姫というのは、神話の時代にマルコフ連鎖確率を本能的に体得していた賢いお姫様だったのかもしれません。

# 15
# 狼は嘘をついてはいない「赤ずきん」

◎あらすじ

昔、小さなかわいい赤ずきんと呼ばれる女の子がいた。ある日、母親にお使いを頼まれて、森の中にあるおばあさんの家へと向かうが、その途中で出会った一匹の狼に唆されて、森の横道に入って道草する。一方、赤ずきんからおばあさんの家を聞き出していた狼は、そこに先回りして、家にいたおばあさんを食べてしまう。そして、おばあさんの姿に変装して赤ずきんが来るのを待ち、やがて赤ずきんが到着すると、彼女も食べてしまった。

満腹になった狼が寝入って大きないびきをかいていると、それに気づいた通りがかりの狩人が、狼の腹の中から2人を助け出した。赤ずきんが急いで狼の腹に石を詰め込むと、起き上がった狼はあまりの重さに動くことができず、やがてへばって死んでしまった。喜ぶ赤ずきんだったが、母親の言いつけを守らなかったから死にそうな目に遭ったと反省し、二度と森の中で寄り道をしたりしない、と誓うのだった。

［「赤ずきん」グリム］

## 「被害者」は狼だった!?

**池上**　矢崎源九郎訳の「赤ずきん」です。これは、素直に解釈すれば、「一人で危険なところに行ってはいけません」「知らない人の誘いに乗ったりしないように」ということを子どもたちに警告するための物語ですね。

**佐藤**　それはいいのですが、一つ引っかかるのは、いくら子ども向けの童話とはいえ、狼が大蛇のように人間を丸呑みする、という描写です。

**池上**　おばあさんの家の近くを通った狩人は、家の中から異様ないびきが聞こえたため、どうしたのかと中に入って、狼を発見します。即座に銃で撃ち殺そうとしたのですが、もしかしたらおばあさんを呑み込んでいるのかもしれないと思い、撃つのはやめてハサミで腹を切り裂きました。

**佐藤**　狩人がそんなことを想像するのは、明らかに不自然です。まだ認知能力が十分ではない子ども向けだからこそ、狼は食べ物を歯で嚙み切ってから胃袋に納める、という科学的事実と明らかに反することを教えるのは、教育上、いかがなものでしょう。

**池上**「赤ずきん」はグリム童話として有名ですが、これも基になった話は、赤ずきんちゃんが狼に食べられてジ・エンドというハードボイルドで、狩人も登場しないのだそうです。やはり、「めでたし、めでたし」という物語に作り変えるために、そういう無理が生じたのではないでしょうか。

**佐藤**　この狩人に関しては、物語の最後の方にさりげなく、こういう記述があります。

赤ずきんちゃんは、すばやく大きな石をたくさんもってきて、それをオオカミのおなかのなかにつめこみました。

やがて、オオカミは目をさまして、とびだそうとしましたが、石があんまりおもたいので、たちまちその場にへたばって、死んでしまいました。

これを見て、三人は大よろこびです。狩人は、オオカミの毛皮をはいで、それをうちへもってかえりました。

（「赤ずきん」グリム、矢崎源九郎訳）

なんと後世から登場したはずの狩人は、どさくさに紛れて死んだ狼の毛皮を剥ぎ、それを持ち帰っているんですね。登場人物の中で唯一、金銭的な利益を得ていることになります。

**池上**　狼は赤ずきんやおばあさんの所有物ではありませんから、命を救ってもらった対価ではありませんよね。よく読むと、最終的に狼を仕留めたのは、機転を利かして腹に石を詰め込んだ赤ずきんだし。（笑）

狩人が、２人の人間を食べて満腹になったために眠ってしまった狼をたまたま見つけて、彼女たちを助けるついでに毛皮をいただいた。そういう物語だとすると、やはりあんまり教育的な話だとは言えないのかもしれません。

## 「嘘のない悪事」に注意せよ

**佐藤**　一方の狼の立場になってみましょう。自分の縄張りである森を歩いていたら、た

また ま「おいしそうな」赤ずきんと出会った。餌にしようと思っても、それ自体は当然のことです。狼は肉食獣なのだから。

**池上**　言葉巧みにおばあさんの家を聞き出して、そちらもいただいてしまおうと考えたのも、生きるため。なのに、人間に手を出して、しかもちょっと欲張ったために、殺されて皮まで剝がされてしまった。狼にとってみれば、とんだ災難だったと言えますね。

**佐藤**　森で赤ずきんと出会ったのが、運の尽き。(笑)

**池上**　これは、〝勝ち組・狩人、負け組・狼〟の物語でしたか。(笑)

**佐藤**　狼については、おばあさんに変装して寝ている彼と、赤ずきんとの次のようなやり取りにも注目すべきです。

　そこで、寝床のところへいって、カーテンをあけてみました。すると、そこにはおばあさんが横になっていましたが、ずきんをすっぽりと顔までかぶっていて、いつもとちがった、へんなかっこうをしています。

「ああら、おばあさん、おばあさんのお耳は大きいのねえ。」

「おまえのいうことが、よくきこえるようにさ。」

「ああら、おばあさんのお目めは大きいのねえ。」

「おまえがよく見えるようにさ。」

「ああら、おばあさん、おばあさんのお手ては大きいのねえ。」

「おまえがよくつかめるようにさ。」

「でも、おばあさん、おばあさんのお口はこわいほど大きいのねえ。」

「おまえがよく食べられるようにさ。」

オオカミはこういいおわるかおわらないうちに、いきなり寝床からとびだして、かわいそうな赤ずきんちゃんを、ぱっくりとひとのみにしてしまいました。（同前）

変装はしているのだけれども、狼は一言も嘘をついてはいないのです。相手が抱いた疑問に対して、本当のことを答えているだけです。

**池上**　「因幡の白兎」と違って、余計なことはしゃべっていません。最後に「お前をいただくよ」という本音を述べるのは、万事準備が整ってからでした。

**佐藤**　何ごとかを成そうと考えたときには、それに疑問を抱く人間に対しても誠実に対応する。嘘はつかないけれども、相手が本当に知りたいところは、ミッションが成功するまでは明かさないでおく。そういうのもインテリジェンスの技です。

**池上**　「何ごと」は、悪事かもしれません。そういう場合には、そのインテリジェンスの技に騙されないようにする必要があるでしょう。

**佐藤**　そうですね。大きな悪事を企てる人間は、意外に嘘はつかないものです。

**池上**　話は変わりますが、NHKのEテレで童話・昔話の登場人物を裁判にかける『昔話法廷』という番組をやっていて、この「赤ずきん」も取り上げられています。

**佐藤**　やはり通常の読み方とは違った視点から、物語にスポットを当てていて、面白いですよね。例えば、「浦島太郎」では、地上に帰ると言い出した浦島太郎に危険な玉手箱を手渡した罪で、乙姫が裁かれます。

**池上**　「赤ずきん裁判」の被告は、狼を腹に石を詰めるという残忍な方法で殺害した赤ずきん。言われてみれば、あまり聞いたことのない殺害方法ですが、これは狼に呑み込まれたショックで心神喪失状態になっていたから、という凝ったつくりになっています。

昔話には、勧善懲悪のようなわかりやすいパターンのものが多いのですけど、やはりいろんな読み方が可能で、そうすることで生き方を学ぶテキストになるということが、こういうのを見てもよくわかります。

## 16

# 夫婦はわかり合えない「雪女」

◎あらすじ

若い木こりの巳之吉は、いつも頭の茂作とともに山で仕事をしていた。ある冬の日、急な大吹雪に見舞われた2人は、家への帰途にある渡し舟の船頭小屋で一夜を明かすことにした。巳之吉が夜中に寒さで目を覚ますと、小屋の戸が開いていて、ふと横を見ると、茂作の上に真っ白い衣装をまとった女が覆い被さり、息を吹きかけていた。女は、驚く巳之吉に「このことは誰にも話してはいけない。もし話したら、お前の命はない」と言い残して、降りしきる雪の中に姿を消した。翌日、気を失っていた巳之吉が目覚めると、茂作は硬く凍りつき、死んでいた。

一人で森に通うようになったある日、巳之吉は渡し舟で色の白い娘といっしょになった。身の上話に同情した巳之吉は、「お雪」と名乗る女を家に迎え、やがて結婚した。お雪は、巳之吉の母親を大事にし、色の白い子どもを10人産んだ。
何年か経ったある木枯らしの夜、針仕事をするお雪の横顔に、ふと船頭小屋での出来事を思い出した巳之吉は、「昔、こんな雪の夜に、お前にそっくりの美しい女に出会ったことがある」と話し始めた。それを聞いたお雪は、「それは私だ。だが、もうお前をどうにもしない。その代わり、子どもをかわいがってほしい」と言い残して、白い霞のようになって天窓から出ていった。［「雪女」田中貢太郎］

## 雪女も鶴も自分の世界に帰りたかった

**佐藤**　これは、誰もが知る「鶴の恩返し」と同じ構成の物語です。相手から「しゃべってはいけない」「見てはいけない」と言われていたのに、その約束が守れなかったために、幸せな生活は終わってしまう。

**池上**　「鶴の恩返し」との違いは、鶴が自分の命を助けてもらった、まさに恩返しにやってきて機織りをしたのに対して、お雪のほうは、かつて見逃してやった男のところに、嫁になりに来たところです。小屋で巳之吉を殺さなかったのは、若くて田舎には珍しい美男だったから。雪女が一目ぼれしたイケメンのところに押しかけて、親の介護も含めてかいがいしく尽くした、というお話です。

**佐藤**　それにしても、もしずっと巳之吉といっしょにいたいのならば、わざわざ身分を明かして、去っていく必要はなかったわけですよね。「そんなことがあったのですか」と聞き流しておくだけでいい。ところが、お雪は巳之吉にあの日のことを語らせるべく、誘導尋問のようなことまでしています。

**池上**　巳之吉がしゃべってしまうシーンは、こんな感じです。

幸福な月日がまた何年か経って、木枯の吹く冬が来た。ある夜お雪は、いつものように子供たちを寝かせた後で、針仕事をはじめた。行燈の燈は浮きあがるようにお雪の綺麗な顔を見せていた。巳之吉はぼんやりと炉端に坐って、見るともなしにお雪の顔を見ているうちに、昔船頭小屋で見た奇怪な白い衣服《きもの》の女のことを思いだした。

「おい、お雪、お前がそうしているところは、昔、おれが会った女にそっくりだぜ。

お前も白いが、その女の顔は、とっても白かったぜ」

「話しておくれよ、その女の事を」

「それがさ、ほんとに鬼魅《きみ》のわるい話だよおまえ。肝をつぶしちゃいかんぞ」

巳之吉は大吹雪のこと、船頭小屋へ泊ったこと、茂作の奇怪な最期などを細ごまと話した。

「その女の顔の白さったら、なかったぜ。あんまり不思議なことだから、夢じゃなかったかと考えて見るがな、何にせい、ああして茂作どんが取り殺されたところを見ると、やっぱりあれが雪女ってものだろう、なあ」　（「雪女」田中貢太郎）

確かに、いかにも話したくなるように水を向けています。そう考えて読むと、行燈の灯で白い顔を浮き上がらせるように針仕事を始めたのも、巳之吉にそんな話を思い出させるためだったのではないかと、邪推したくなりますね。

ところで、佐藤さんは、雪女が巳之吉の家から出ていきたくなったためにそんなことをした、と考えるのですか？

**佐藤**　そうでないと、不自然ではないかと思うのです。理由は単純で、そこにいるのが辛くなったからではないでしょうか。

一目ぼれした人間の男と首尾よく夫婦になったのはよかったけれど、10人の子育てというのは、雪女にとってもかなりきついはずです。心身ともに疲れ切ってしまったと考えても、不思議ではありません。加えて、10人も子どもを産んだにもかかわらず、いつまでも若々しい容貌のお雪は、村の女たちから「わしらとは違ってる、あれは人間じゃないよ」と陰口を叩かれ、近隣との関係でも苦労が絶えなかった。

**池上** 若かった旦那のほうは、だんだん歳を取ってくるし。(笑)

**佐藤** 考えてみれば、「鶴の恩返し」でも、鶴は自ら自分の羽根を材料にして機を織ったわけですから、そんなことがいつまでも続けられるはずがありません。

**池上** 雪女も恩返しした鶴も、やっぱり自分のいた世界に戻りたくなった。でも、何も言わないで逃げ出すわけにもいかないので、人間の側にタブーを犯させたのだ、と。

**佐藤** 雪女は、「相手が自分のことを話さない」という人間界に残るためのコードを定めていました。巳之吉がそれを破ったために、雪の世界に解放されたのです。

**池上** 当初は、そのコードを犯した場合には、命を奪うことになっていたのですよね。

**佐藤** そうしなかったのは、やはり情が移っていたからでしょう。

**池上**　巳之吉は雪女のコードをわかっていたにもかかわらず、つい油断してそれに触れてしまいました。雪女に同情はされたけれども、この人もインテリジェンスの世界には向かないようです。

## 定年後に意識すべき「異類婚姻」

**佐藤**　「雪女」も「鶴の恩返し」も、いわゆる「異類婚姻譚」です。

**池上**　人間が、人間以外の動物や神、精霊などと結婚する物語。雪女や鶴は女性でしたが、逆のパターンの「婿入り話」もあって、世界各国にみられます。

**佐藤**　本谷有希子さんの芥川賞受賞作に、その名も『異類婚姻譚』という小説があります。安穏と暮らす専業主婦の顔がだんだん旦那と似てくる、というストーリーの中に描かれているのは、まったくの他人同士が一緒になる夫婦というものの違和感、不条理です。「雪女」のような異類婚姻譚では、最終的には夫婦はお互いを理解し合うことなく、別離を迎えます。そういう真理が非常にデフォルメされた形で表現されていると捉えれば、そこから学ぶべきことは多いと思うのですよ。

**池上**　「夫婦がわかり合うのは困難だ」というのは身も蓋もない言い方ですが、まあ真理であるのは確かでしょうね。

**佐藤**　一方で、一緒にいれば問題は起こらないのかといえば、そうではないところが夫婦の難しさです。異類婚姻譚を教訓とすべきは、むしろ夫がリタイアして、夫婦が家に長い時間「同居」するようになってからと言えるでしょう。

**池上**　定年を迎えた相手が、突然舞い込んでくるわけですね。しかも、特に恩返しをするのでもなく。（笑）

**佐藤**　それまで別々の生態系で生きてきたのに、ある日を境に同じ屋根の下ということになるわけですから、摩擦が発生しても無理からぬことです。

**池上**　四六時中一緒にいれば、それまではあまり問題にならなかったお互いのコードが意識されるようになる。それを踏み越えてしまうリスクも拡大します。

**佐藤**　ですから、まずは相手が自分とは異種の存在であることを、しっかり認識しなくてはいけないのです。

**池上**　特に男は注意が必要ですね。往々にして、「相手はわかってくれるはず」という思い込みが強いですから。

**佐藤**　そのうえで、「わかり合えないけれど、お互いを認める」という部分を持てるかどうか。わかりやすく言えば、妥協の連続を許せるか、ということになるのではないでしょうか。夫婦の間でものごとを詰めすぎると、あまりハッピーなことにはならないと考えたほうがいい。

**池上**　さっきも言いましたけど、雪女はコードに忠実に従うのならば、最後に巳之吉を殺さなければなりませんでした。でも、まさにそこは妥協したわけですね。それによって、巳之吉自身も、おそらく10人の子どもたちも助かりました。夫婦とはそういうものだ、と言うこともできるでしょう。

**佐藤**　そう。この物語は、一度純粋な「夫婦の話」として読んでみるべきだと思います。

**池上**　それにしても、こうしたタブーを織り込んだ昔話が、本当に世界中に数多くあるんですね。そういうものが長く読み継がれているというのは、やはり現実社会にも厳然としたタブーが存在するという証なのかもしれません。

**佐藤**　そういうことだと思います。タブーはなくせないし、完全になくそうとすれば、社会は壊れるでしょう。これは、日本の天皇制を考えてみればわかりやすいはずです。

**池上**　明文化された法や規則だけでは、社会秩序を保つのは難しいということですね。

**佐藤**　もちろん、タブーだらけの社会では、発展は覚束ないということも、付け加えておかなくてはなりません。

**池上**　どちらかというと、伝統的なタブーみたいなものは、壊されていく運命にありますよね。例えば、アメリカでは少し前まで大統領を政治的に批判することはあっても、口を極めて非難を浴びせるようなことは、半ばご法度でした。ところが、現状、それはタブーではなくなっています。もっとも、それも仕方ないような人物がその座に就くようになった、という事情もあるわけですが。

**佐藤**　現実がタブーを支えられなくなることもあるということでしょう。そして、タブーのない社会は弱い。「雪女」は、社会にタブーがある意味も教えてくれると思います。

## 17

# 善か悪か。線を引くのは難しい
# 「ごん狐」

◎あらすじ

あるところに、一人ぼっちのごんという小狐がいた。いたずら好きのごんは、ある日、村人の兵十が獲った魚を逃がしてしまう。ところが、少しして兵十の母親が亡くなったのを知り、あのときのうなぎは病気の母親に食べさせようとしたものだったのか、と後悔する。

償いをしたいと思ったごんは、いわし売りの籠から魚を盗み、兵十の家に投げ込んだ。しかし、そのせいで兵十は泥棒と間違えられ、ひどい目に遭ってしまう。そこで、今度は山で採った栗やマツタケを兵十の家の前に置くことにした。毎日、栗やマツタケが家の前に置いてあることを不思議に思った兵十だったが、やがて、自分を不憫に思う神さまの仕業だと思うようになった。

ある夜、兵十は、ごんが家の中に入っていくのに気づく。またいたずらするつもりだと思った兵十は、火縄銃でごんを撃った。しかし、近くに栗が置いてあるのを発見し、驚いて「お前だったのか。いつも栗をくれたのは」と声をかけた。ごんは、ぐったりと目をつぶったまま、うなずくのだった。［「ごん狐」新美南吉］

## 「曽根崎心中」にも似ている。誤解の連鎖が紡ぐ物語

**佐藤**　「手袋を買いに」と同じ、新美南吉の作品です。

**池上**　小学校の教科書に載る名作ですが、あらためて読むとしみじみしますね。

**佐藤**　新美南吉は、話作りがとてもうまいですよね。日本人の心情に素直に訴えかけるというか。新美作品がずっと生き残っているのは、この世界を上書きする作家が現れていないということの証でもあると思います。

**池上**　この作品の主人公も、「手袋を買いに」と同じ狐。ただし、やっぱり「ずる賢い」イメージではありません。悪さはするのだけれど、心根は優しい。最後は、その優

しさが仇になってしまった、という何とも悲しいお話です。

**佐藤**　描かれているのは、人と狐の物語なのですが、そこには現実の人間関係が投影されているように思うのです。論理では割り切れない、誤解の連鎖のようなものによって起こる悲劇もあるのだ、と。

ごんの最初の「誤解」は、次のように書かれています。

その晩、ごんは、穴の中で考えました。

「兵十のおっ母は、床についていて、うなぎが食べたいと言ったにちがいない。それで兵十がはりきり網をもち出したんだ。ところが、わしがいたずらをして、うなぎをとって来てしまった。だから兵十は、おっ母にうなぎを食べさせることができなかった。そのままおっ母は、死んじゃったにちがいない。ああ、うなぎが食べたい、うなぎが食べたいとおもいながら、死んだんだろう。ちょッ、あんないたずらをしなけりゃよかった。」

（「ごん狐」新美南吉）

**池上**　兵十の母親が亡くなったことを知った、ごんの反省ですね。

**佐藤**　もしかしたら、ごんの考えた通りだったのかもしれません。しかし、兵十は「母親に食べさせるためのうなぎだった」とは、ひとことも言ってはいないのです。

**池上**　結局撃たれてしまったように、毎日人里に通って栗などを届けるというのは、狐にとって相当危険な行動です。リスクを冒す前に、「うなぎは確かに母親の食事だった」というエビデンスを確認すべきだったかもしれません。誤解ならば、「少し度を越したいたずら」で済んだでしょう。

**佐藤**　そこから、お互いの空回りが始まります。いわしを兵十のところに持っていった一件は、狐だから貨幣経済の仕組みがわからなかった。だから、良かれと思ってやったことで、逆に兵十に迷惑をかけてしまったわけです。

**池上**　兵十は兵十で、栗やマツタケを持ってきてくれるのは神様だと信じ込んでいました。

**佐藤**　その誤解を解くためには、悲劇が必要でした。ごんの死で、初めて真実が明らかになったのです。このあたりの構成は、近松門左衛門の「曽根崎心中」に似ていますよね。あらぬ噂をたてられた男が、身の潔白の証明と、現世では実らぬ恋をあの世で成就することを目的に、恋仲の遊女と心中を図る。

**池上**　死んでしまっては元も子もないわけだけれど、誤解を解消しようと思ったら、相当なエネルギーが要るのは間違いありません。

**佐藤**　兵十は、ごんをただの「いたずら狐」だと思っていたから銃を向けました。しかし、そうではなかった。事ほど左様に、「善行か悪行か」「いい人か悪い人か」というのは、表面だけではわからない。そういうメッセージを、新美は物語に込めたのでしょう。

## 〝ディズニー〟にはなりにくい物語

**池上**　この作品も、話してきたようなごんの多様性が描かれているために、奥行きの深い物語になっています。ノンフィクションでも、例えばある人物の光のところだけが書かれていても、面白くも何ともないでしょう。実は、こういう影もあったのです、という事実が描写されていてこそ、読み応えがあるわけで。

**佐藤**　だから、「ごん狐」は、ディズニー映画などにはなりにくい作品ですよね。動物は出てくるけれど。

**池上**　ああ、ディズニーの世界とは違いますね。ハッピーエンドではないし。

**佐藤**　ハッピーエンドに加えて、キャラクターの白か黒かがはっきりしているでしょう。ハリウッド映画なんかもそうですが。

**池上**　初めからヒーロー、ヒロインがいて、様々な艱難辛苦に見舞われつつ、ついには絶体絶命のピンチに陥りながらも、最後の最後に勝利の女神が降りてくる。ほぼ、このパターンに収まるような気がします。（笑）

**佐藤**　いい悪いではなく、そういうのがアメリカの「地」なんでしょうね。

**池上**　日本人の感覚からすると、確かに痛快、爽快なのだけど、終わった後に「はて、何が残ったんだろう?」と。

**佐藤**　逆に言うと、「手袋を買いに」や「ごん狐」のニュアンスは、アメリカ人には伝わりにくいかもしれません。これは、ロシア人にはわかるのです。トルストイの「イワンの馬鹿」に出てくる悪魔なんかでも、愛嬌がありますから。

**池上**　確かにそうです。

**佐藤**　思い出したのですが、子どもの頃に『空とぶロッキーくん（Rocky the Flying Squirrel）』というアメリカのテレビアニメをやっていたんですよ。飛行機に乗って郵便物を運ぶムササビが主人公なのですが、外務省時代にイギリスに行ったら、そこでも放映されていて、「ああ、子どものときに見たな」と。で、そこに出てくる悪役が2人いて、「ボリス」と「ナターシャ」というのです（笑）。当時はロシア語も勉強していたので、2人がちゃんとロシア語訛りの英語をしゃべっていることもわかりました。

**池上**　わかりやすいというか、露骨と言うべきか。（笑）

**佐藤**　ソ連は問答無用で悪というイデオロギーが浸透していた、典型的な東西冷戦期の漫画なのです。でも、今のウクライナ戦争だってそうですよね。悪の権化であるロシアに立ち向かう正義のウクライナ軍。しかし、その構図で頑張っていれば、戦いは終わるのでしょうか。背後にいる「巨悪」を見えないようにしているのも、この二項対立論のミソなのです。

**池上**　戦争映画ではないのが、本当に悩ましいところです。

## 「異質な他者」とどう向き合うか

**佐藤**　人と動物が切り結ぶ物語では、動物が自分たちとは違う異質な他者というか、異界の入り口にいて、我々の世界との橋渡しをするハイブリッド性を持った存在として描かれることがあります。

**池上**　新美南吉の物語は、ちょっとそんな感じがしますね。

**佐藤**　異界である狐の世界の論理は、我々にはわからないのです。ただ、「手袋を買いに」では、その異界から伸びてきた子狐の手に、帽子屋の主人は黙って手袋を渡しました。一方、「ごん狐」では、最後まで誤解は解けずに悲劇になってしまった。

**池上**　「山ねこおことわり」では、タクシーの運転手さんが、異界の住人とかなり距離を縮めました。

**佐藤**　「山ねこおことわり」のところでも言いましたが、こういう物語は、多様性というものについて考える教科書になると思うのです。例えば、ごんを外国人に置き換えてみたらどうか、あるいは多様なジェンダーに置き換えたら？

**池上**　我々は、知らずしらず兵十になっている場面があるかもしれません。

**佐藤**　お互いを異質な他者と認め、相互理解を図っていけるのかどうかを問いかけられているように思うのです。

**池上**　物語のラストで、すべてを悟った兵十は、ごんを撃った火縄銃を床に取り落とすんですね。自分の行為を心から悔いたわけですが、この兵十を一方的に責めるのもまた、酷なものがあります。彼は真実を知らなかったのですから。

**佐藤**　うなぎが本当に母親に食べさせるものだったとしたら、被害者でもあります。

**池上**　現実の多様性、ダイバーシティの議論にも、一筋縄ではいかない複雑さがあるのは確かです。そこも教訓とすべきですね。

**佐藤**　そう思います。ちなみに、「ごん狐」が発表された1932年といえば、満州事変の翌年です。日本が朝鮮半島を植民地化し、本格的に大陸に出ていくわけですが、実は国策として多様性が必要とされた時代でもあるのです。

**池上**　言葉も違う、文化も違うところの人たちをまとめていかなくてはならなかったから。

**佐藤**　そうです。満州国の掲げるスローガンは「五族協和」でしたが、それを実現するためには、否応なしに異界を理解することが求められました。そんな時代背景も、もしかしたら物語に反映しているのかもしれません。

# 第四章

# 寓話、昔話を読む意味

18

# 特別な体験をすると、引き返せなくなる「注文の多い料理店」

◎あらすじ

2人の若い紳士が山奥に狩猟にやってきたが、案内役の専門の猟師とはぐれ、連れていた2匹の猟犬も突然死んでしまう。道に迷った2人は、山中で「西洋料理店　山猫軒」の看板を掲げる一軒家を見つけ、食事がしたいと中に入った。

誰もいない店の中には、扉で仕切られた長い廊下があり、扉ごとに「髪をとかして、履物の泥を落とすこと」「帽子と外套と靴を取ること」「壺の中のクリームを顔や手足に塗ること」といった注意書があった。不思議に思いつつも、それに従って廊下を進んでいったのだが、最後に「体中に塩をもみ込むこと」とあるのに出くわし、ここで2人は、自分たちのほうが食材扱いされていたことに気づく。

恐怖で泣き出してしまった2人だったが、そこに死んだはずの2匹の猟犬が現れ、最後の扉の先に飛び込んで、何者かと格闘を始めた。気づくと、一軒家は跡形もなく消えていた。2人は助かったものの、恐ろしさのあまり紙屑のようにくしゃくしゃになった顔は、どうやっても元には戻らなかった。

［「注文の多い料理店」宮沢賢治］

## なぜ策略に嵌まるのか

**佐藤**　宮沢賢治の代表作の一つで、やはり小学校の教科書に採用されています。『イーハトヴ童話　注文の多い料理店』として初めて出版されたのは、大正13年の暮れ。1924年ですから、ちょうど100年前の作品ということになります。ちなみに、それは自費出版同然で、しかも定価が高すぎて大半が売れ残ったのだとか。

**池上**　本当に面白い物語です。

**佐藤**　物語としての完成度が、とても高いですよね。

**池上**　「注文の多い」のは、レストランの客ではなくて店主の方だったということが、最後の方でわかる仕掛けになっています。しかも、店側は、最初に「当店は注文が多いですよ」ときちんと断ったうえで、「髪を整え、靴の泥を落とせ」から始まって、「外套や靴を脱げ」「顔などにクリームを塗れ」「体中に塩を塗り込め」と、徐々に要求のハードルを上げている。その策略たるや、心憎いばかりです。（笑）

**佐藤**　２人の男は、何となく違和感を覚えながらも、その意味を自分たちで勝手に解釈することで、策略にまんまと嵌められていくわけです。例えば、こんなふうに。

　扉の裏側には、

「ネクタイピン、カフスボタン、眼鏡、財布、その他金物類、ことに尖ったものは、みんなここに置いてください」

と書いてありました。扉のすぐ横には黒塗りの立派な金庫も、ちゃんと口を開けて置いてありました。鍵まで添えてあったのです。

「ははあ、何かの料理に電気をつかうと見えるね。金気のものはあぶない。ことに尖ったものはあぶないと斯う云うんだろう。」


（「注文の多い料理店」宮沢賢治）

**池上**　冷静に考えれば、そんなことは、たぶんない。（笑）

**佐藤**　せめてこの後、顔や手足に、自分たちも舐めてみたらおいしかったクリームを塗れ、と言われたあたりで気づくべきでした。

**池上**　２人は香水と偽った酢まで、頭にかけてしまいました。このときも「下女が風邪でもひいて間違えたんだ」と、むしろ相手を慮っています。

**佐藤**　確かに店主の誘導もうまいのですが、あわやというところまでいってしまったのには、２人の男の事情も大きく影響していますよね。寒くて、とにかく腹が減っていた。早く食事にありつきたいという欲求が、冷静な判断力を失わせたわけです。

**池上**　「あの商品は、いつも売り切れだ」という飢餓感が高まると、自分には要らないものまで買ってしまう。そういうのと似ています。

**佐藤**　このように情報を小出しにしながら相手をコントロールするというのも、インテリジェンスの世界ではよくやられることです。

## 自然破壊者に対する教育的措置

**池上**　この物語の構成をひとことで言えば、「2人の男が山中に忽然と現れた料理店で怖い目に遭って、懲らしめられる話」です。なぜ懲らしめられなければならなかったのか、冒頭には2人の人となりが、次のように書かれています。

二人の若い紳士が、すっかりイギリスの兵隊のかたちをして、ぴかぴかする鉄砲をかついで、白熊のような犬を二疋つれて、だいぶ山奥の、木の葉のかさかさしたとこを、こんなことを云いながら、あるいておりました。

「ぜんたい、ここらの山は怪しからんね。鳥も獣も一疋も居やがらん。なんでも構わないから、早くタンタアーンと、やって見たいもんだなあ。」

「鹿の黄いろな横っ腹なんぞに、二三発お見舞もうしたら、ずいぶん痛快だろうねえ。くるくるまわって、それからどたっと倒れるだろうねえ。」

（同前）

身なりはきちんとしていながら、鳥や獣たちの楽園である山に土足で踏み入り、その命をもてあそぶ。そういう広い意味での自然破壊をして恥じない人間たちが、自然に仕返しをされるわけです。

**佐藤**　宮沢賢治は、生まれた岩手の自然をこよなく愛した作家ですから。

**池上**　盛岡高等農林学校（現岩手大学）の学生時代には、地質調査で県内をくまなく歩き回り、山登りも大好きだったんですね。「イーハトヴ」というのは、岩手をモチーフにした架空の理想郷でした。そんな賢治にとっては、山の自然を蹂躙するような人間の行為が許せなかったのでしょう。

**佐藤**　店の主は恐らく山猫なのですが、彼が実際に2人を食べなかったところもポイントだと思うのですよ。ラスト近くで、自分たちが食べられると震えあがる2人を見た、彼の子分たちのこんなやり取りが出てきます。

「だめだよ。もう気がついたよ。塩をもみこまないようだよ。」

「あたりまえさ。親分の書きようがまずいんだ。あすこへ、いろいろ注文が多くてうるさかったでしょう、お気の毒でしたなんて、間抜けたことを書いたもんだ。」

（同前）

「お気の毒」などと書いてあったら、どんなに空腹な人間であっても、さすがに我に返って、自分の置かれた立場に気づくでしょう。文字通り「余計なひとこと」なのですが、山猫はわざとそんなことを書いたのかもしれません。

**池上**　そこで人間に気づかせるために。

**佐藤**　これは、山猫による教育的措置ではないかと思うのです。食べてしまうつもりなら、男たちの衣類や持ち物を奪ってもいいのに、そういうこともしませんでした。

**池上**　教育的措置だとすると、「因幡の白兎」のワニザメと同じですね。

**佐藤**　そう。怖い思いをしたくなかったら、二度と山で殺生をしたりするな。銃のような武器を使って生態系を乱す行為は許さない、という自然の側からの警告だったのではないかと思うのです。

## 特別な体験によって、二度と元に戻れなくなる

**池上**　料理店のカラクリに気づいた2人は、最後に連れていた猟犬の力を借りて生還します。一度死んだはずの犬が生き返るというプロットも、不思議といえば不思議です。

**佐藤**　一歩間違えば、死者が蘇って救ってくれた、という安っぽいストーリーになってしまうわけですが、賢治はあえてこうしたんでしょうね。もしかすると、犬が死んだ時点で、読者は2人の男ともども異界に誘われていたのかもしれません。

**池上**　そう考えると、物語がより立体的になってきます。

**佐藤**　犬がちゃんと生きている現実と、案内役の猟師も犬もいなくなってしまった異界。そういうパラレルワールドが存在して、2人の男は扉を開けるごとに、その異界の奥へ奥へと入っていったわけです。

**池上**　そして、店主の最後の言葉でここが異界であることに気づいた瞬間、現実世界にいた犬たちが扉を破って現れた。

**佐藤**　ただし、めでたく異界からは帰還することができた男たちでしたが、紙屑のようになった顔だけは元に戻りませんでした。

**池上**　自然破壊の罰は、しっかり受けたんですね。

**佐藤**　宮沢賢治は、男たちの顔のしわを通じて、人間はある種の体験をすると元には戻れない、ということも述べたかったのではないでしょうか。例えば、保守系の政治家や評論家やジャーナリストなどでも、自身に戦争体験があると、「二度とあの過ちを繰り返してはいけない」という点で、共通の信念を持っていたりします。

**池上**　確かに、戦争も異界の最たるものですね。そこで見てしまったものがあるから、「現実」に帰ってきても、元通りというわけにはいかなくなった。異界を知らない世代とは、そこが決定的に違うわけです。

**佐藤**　山中の料理店は、戦争以外にも様々あります。私のような入獄体験もそうだし、病気、リストラ、親しい人との別離などというのも、実は料理店なのです。予期せず、目の前に現れるそこを通り抜けることで、世界観が不可逆的に変わってしまう。人生の中には、大なり小なりそういうものがあるのだ、というメタファーが作中に込められているから、これだけ読み継がれているように思うのです。

**池上**　「銀河鉄道の夜」などにも通じる世界観かもしれません。

**佐藤**　2人の男は、最後の扉を開く前に料理店の正体に気づいて、山猫に食われることなく逃げました。これは、異界から逃げ出すことの大事さも教えてくれる一篇だと思います。

**池上**　例えば、仕事上の過剰なノルマを強制されるような世界は、異界そのもの。精神的なダメージを受けたり、心ならずも不正を働いたりする前に、さっさと逃げる。

**佐藤**　そういうことです。

# 19 植民地支配の非対称性

## 「桃太郎」

◎あらすじ

昔々、あるところにおじいさんとおばあさんが住んでいた。ある日、おばあさんは川で大きな桃を拾い、家に持ち帰る。すると、出し抜けに桃が割れ、中から男の子が飛び出した。桃太郎と名付けられた男の子は、15歳になったある日、鬼が島に住む悪い鬼の噂を聞いて、退治に出かけることにした。途中、犬、猿、雉に会い、おばあさんに作ってもらったきび団子を一つずつ渡す代わりに、家来として従える。

ほどなく鬼が島に着き、戦いとなる。鉄棒を振りかざす鬼たちが襲い掛かってきたが、家来たちの協力もあって、彼らを降参させることができた。桃太郎一行は、鬼たちの命と引き換えに手にした財宝を船に積み、おじいさん、おばあさんの住む家に戻った。

［「桃太郎」楠山正雄］

## 桃太郎は「犬猿の仲」を取り込んだ

**池上**　誰もが知る鬼退治の物語ですが、あまりにわかりやすい話だけに、ツッコミどころも満載という感じです。

**佐藤**　ツッコむ前に褒めておくと、この物語では、主人公である桃太郎の類まれなるリーダーシップに注目すべきでしょう。だって、犬と猿は、「犬猿の仲」という言葉があるくらい、仲が悪いわけでしょう。雉だって、放っておいたら犬とも猿とも喧嘩しますよね。そういう連中を一つ船に乗せて従えるだけでなく、お互いの得意技を発揮させて戦争に勝利したわけですから。

**池上**　船では犬が漕ぎ手になり、猿が舵を取り、雉は舳先に立って見張り役を務めました。鬼が島に着くと、猿が岩壁をよじ登って閉じられた門を開け、雉が鬼の目をつつき、犬は脛に嚙みついた。確かに見事なチームワークです。

**佐藤**　犬を3匹従えるのなら簡単ですが、彼らに航海の見張り役は務まりません。岩壁をよじ登るのも無理です。ですから、鬼に勝つためにはどんな用兵が必要なのかという戦略的な思考に優れ、なおかつ平時には対立関係にある者たちをまとめられるほど、人心掌握の術に長けていた。

**池上**　「力と勇気は人一倍」という桃太郎像は、見直す必要がありそうです。

**佐藤**　しかも、驚くべきことに桃太郎が犬たちに与えた報酬は、たったのきびだんご1個なのです。鬼に勝つためには、彼らの協力が不可欠だったにもかかわらず、持ち帰った財宝を分け与えたという記述もありません。家来たちも、それで特段不満を漏らすようなこともなかったのです。

**池上**　今風に言えば、コスパ最高だ。（笑）

**佐藤**　桃太郎は極めて小さな出費によって、鬼退治という国家レベルのミッションをやり遂げたわけです。「日本一」という看板にふさわしいリーダーだったのは、確かでしょう。

## 鬼は本当に「悪い鬼」だったのか

**池上**　ただし、その「国家レベルのミッション」が果たして正義のものだったのかは、大いに検証の必要があると思います。本当に鬼は悪い奴らだったのか。

**佐藤**　そこは、暗黙の了解のようになっていて、ちゃんと説明されていません。

**池上**　桃太郎がなぜ鬼が島に向かう気になったのかについては、次のように書かれています。

　桃太郎は十五になりました。
　もうそのじぶんには、日本の国中で、桃太郎ほど強いものはないようになりました。桃太郎はどこか外国へ出かけて、腕いっぱい、力だめしをしてみたくなりました。
　するとそのころ、ほうぼう外国の島々をめぐって帰って来た人があって、いろいろめずらしい、ふしぎなお話をした末に、

「もう何年も何年も船をこいで行くと、遠い遠い海のはてに、鬼が島という所がある。悪い鬼どもが、いかめしいくろがねのお城の中に住んで、ほうぼうの国からかすめ取った貴い宝物を守っている。」

と言いました。

桃太郎はこの話をきくと、その鬼が島へ行ってみたくって、もう居ても立ってもいられなくなりました。

（「桃太郎」楠山正雄）

そもそもの動機が、「どこか外国に行って、力試ししたい」ということだったのは、見逃すことができません。加えて、「悪い鬼どもが方々から奪った宝物を隠している」というのは、単に偶然会った旅人がしゃべっていた話ですよね。本当に略奪したものなのかについては、確かなエビデンスがないのです。

**佐藤**　もしかしたら、鬼たちが何か事業をやっていて、せっせと稼いで蓄えたものかもしれない。

**池上**　そうしたことを確かめもせずに、桃太郎は装備を整え兵を引き連れて、一方的に鬼が島に攻め入りました。

上陸するや、鬼の城の門前に立った犬は、「桃太郎さんが、お前たちをせいばいにおいでになったのだぞ。あけろ、あけろ」と叫びます。この発言に象徴されるように、これは典型的な侵略行為と言わざるを得ません。「桃太郎」は、その卓越した指導力によって鬼が島への侵略に成功した、という物語（笑）。侵略者の論理をお話にした、と言ってもいいでしょう。

**佐藤**　読む限りでは、鬼たちの国は専守防衛です。「あけろ、あけろ」という犬の口上を耳にするや、鬼たちは門を固く閉め、震えながら中から押さえるのです。鍵を破られると、鉄棒を振り回して向かってくるのですが、どうも何だか情けない。

けれども、体が大きいばっかりで、いくじのない鬼どもは、さんざんきじに目をつつかれた上に、こんどは犬に向こうずねをくいつかれたといっては、痛い、痛いと逃げまわり、猿に顔を引っかかれたといっては、おいおい泣き出して、鉄の棒も何もほうり出して、降参してしまいました。

おしまいまでがまんして、たたかっていた鬼の大将も、とうとう桃太郎に組みふせられてしまいました。桃太郎は大きな鬼の背中に、馬乗りにまたがって、

「どうだ、これでも降参しないか。」

といって、ぎゅうぎゅう、ぎゅうぎゅう、押さえつけました。

鬼の大将は、桃太郎の大力で首をしめられて、もう苦しくってたまりませんから、大つぶの涙をぼろぼろこぼしながら、

「降参します、降参します。命だけはお助け下さい。その代わりに宝物をのこらずさし上げます。」

こう言って、ゆるしてもらいました。（同前）

**池上**　方々の国に出掛けていって金銀財宝を強奪してくる、海賊のようなイメージではないですね。

## 邪気のない「侵略の論理」

**佐藤**　桃太郎というのが、どこか架空の国の住人ではなく、「日本一の桃太郎」であるところも、よく嚙みしめてみる必要があるかもしれません。２０１８年に韓国で放映さ

れた『ミスター・サンシャイン』という人気テレビドラマがあります。Netflixで見られるのですが、そこでは日韓併合時の義兵運動が背景になっています。

**池上**　義兵というのは、朝鮮で日本の植民地支配に抗った兵士たちのことですね。日本ではあまり知られていないのですが。

**佐藤**　ドラマには、併合した朝鮮での日本の振る舞いが、いろいろ出てきます。例えば、渋沢栄一が頭取だった第一銀行の発行する第一銀行券を強制通用させるんですね。

**池上**　今度渋沢栄一が1万円札の「顔」になりますが、このときの第一銀行券にも、渋沢の肖像が刷られていました。

**佐藤**　そうした施策に王朝が反発し、その抵抗をいろんなかたちで暴力的に潰していく日本。一方で日本と内通する高官がいて、といったシーンが描かれているのです。

なぜこのドラマを持ち出したのかというと、そこに描かれた世界が「桃太郎」の構図にそっくり当てはまるからです。まず、桃太郎の側は、自らの侵略性をまったく認識していませんでした。

**池上**　侵略どころか、日本の統治は朝鮮の産業の近代化や教育水準の向上などに寄与した、という肯定的な評価もあります。

**佐藤** 他方、朝鮮側からすれば、自分たちは何も悪いことをしていないのに、勝手に鬼にされた格好です。そして桃太郎に土足で島に踏み込まれ、主権を奪われました。

**池上** 桃太郎の方は、「よかれ」と思ってやっているから、抵抗される理由もよく理解できない。だから、余計に高圧的に抑え込もうとしたんですね。

**佐藤** 「悪い奴らを成敗しました」という話には、必ずと言っていいほど、そういう侵略性が潜んでいることに注意しなくてはなりません。ともすれば、桃太郎に肩入れしそうになるのだけれど、一度鬼からは世界がどう見えているのかを想像してみることが大事だと思うのです。『ミスター・サンシャイン』は、そういう鬼の気持ちをサブカルチャーに落とし込んだものだと言うことができるでしょう。

**池上** イギリスやフランスなどによるアフリカ諸国の植民地化は、ある意味もっと露骨ですね。桃太郎は、実際に遠方まで出かけて行って、普通に暮らしていた人たちのところから金銀財宝を持ってきてしまったのですから。彼らは今になって、鬼たちから「奪ったものを返せ」と言われています。

**佐藤** そういう侵略者がどういう発想をしているのか、物語の最後のところにも正直に記されています。

うちではおじいさんと、おばあさんが、かわるがわる、

「もう桃太郎が帰りそうなものだが。」

と言い言い、首をのばして待っていました。そこへ桃太郎が三にんのりっぱな家来に、ぶんどりの宝物を引かせて、さもとくいらしい様子をして帰って来ましたので、おじいさんもおばあさんも、目も鼻もなくして喜びました。

「えらいぞ、えらいぞ、それこそ日本一だ。」

とおじいさんは言いました。

「まあ、まあ、けががなくって、何よりさ。」

とおばあさんは言いました。

桃太郎は、その時犬と猿ときじの方を向いてこう言いました。

「どうだ。鬼せいばつはおもしろかったなあ。」

犬はワン、ワンとうれしそうにほえながら、前足で立ちました。

猿はキャッ、キャッと笑いながら、白い歯をむき出しました。

きじはケン、ケンと鳴きながら、くるくると宙返りをしました。

空は青々と晴れ上がって、お庭には桜の花が咲き乱れていました。　（同前）

極め付きは「どうだ。鬼せいばつはおもしろかったなあ。」というひとこと。目的を達した侵略者が、つい漏らした本音です。（笑）

**池上**　ラストの1行も印象的です。鬼が島では負傷者多数、財産もすべて奪われるという惨状なのに、世はなべて事もなし。なかなかにシュールな作品だったんですね、「桃太郎」。（笑）

# 20 危険なニヒリズムを排除せよ「藪の中」

◎あらすじ

時は平安時代、藪の中で1人の侍の死体が発見される。その殺人事件に関して、死体の発見者である木樵り、事件の前日に被害者と会っていた旅法師、容疑者の男などが、検非違使の尋問に答える。また、被害者と一緒にいた妻は清水寺で懺悔し、侍の死霊は巫女の口を借りて事件の状況を語った。

ところが、それぞれの証言は、事件の核心部分で食い違ってしまう。真実はいまだ不明である。

［「藪の中」芥川龍之介］

## 芥川龍之介の真意も論争に

**佐藤**　最後に取り上げる「藪の中」は、芥川龍之介が1922年（大正11年）に、『新潮』に発表した小説です。

**池上**　この小説は、殺人事件の関係者計7人の発言を羅列した構成になっています。ところが、その発言を重ね合わせてみても、犯人はわかりません。多襄丸《たじょうまる》という容疑者とされた盗人が「確かに自分がやった」と証言する一方、清水寺に駆け込んだ殺された侍の妻は「私が刺殺した」と懺悔します。それだけではありません。侍の死霊に至っては「妻に裏切られたので自刃したのだ」と言うわけです。少なくとも、このうち2人の言うことは事実ではないのですが、必ずしも自分に有利とはいえない嘘をついている。そのことが謎に拍車をかける、というプロットになっています。

ちなみに、「何が事実なのかは藪の中だ」という表現が使われますが、この芥川の小説がルーツなんですね。

**佐藤**　作品が世に出て以来、まさに「真実はどこにあるのか」が論争になりました。そもそも、この奇妙な小説を書いた芥川の真意はどこにあったのか、ということも含めて。

**池上**　殺害の状況に関して言えば、殺された侍とその妻が藪の中で襲われ、侍は木に縛りつけられて、妻はその場で強姦された、というところまで証言は一致します。しかし、多襄丸は「思いを遂げた女に、『2人の男に恥を見られたのは辛い。夫かあなたか生き残った方についていきます』と言われて、男を殺したのだ」と言います。

**佐藤**　女を強姦するのが目的で、最初は侍を殺すつもりなどなかったのだ、と。

**池上**　そうです。一方、妻の方は「夫の瞳に蔑みの色が浮かんでいたのにショックを受け、一緒に死のうと思ったが、自分は死にきれなかった」と言い、侍の死霊は「犯された妻が、『一緒になれ』という男を受け入れ、自分を殺してくれと頼むのを聞いて、男が縄だけ解いて去った後に自害した」と語ったわけです。

**佐藤**　どの話も一応筋は通っていて、「自白」だけで事実を判定することはできません。

**池上**　例えば、最後の「巫女の口を借りたる死霊の物語」には、次のようなくだりがあります。

その言葉を聞いた時は、盗人さえ色を失ってしまった。「あの人を殺して下さい。」

――妻はそう叫びながら、盗人の腕に縋っている。盗人はじっと妻を見たまま、殺すとも殺さぬとも返事をしない。――と思うか思わない内に、妻は竹の落葉の上へ、ただ一蹴りに蹴倒された、（再び迸るごとき嘲笑）盗人は静かに両腕を組むと、おれの姿へ眼をやった。「あの女はどうするつもりだ？　殺すか、それとも助けてやるか？　返事はただ頷けば好い。殺すか？」――おれはこの言葉だけでも、盗人の罪は赦してやりたい。（再び、長き沈黙）

（「藪の中」芥川龍之介）

予期せぬ異常事態に陥って、隠されていた本性が露わになる。それを目の当たりにしたときの、行き場のない思い。この「矛盾した物語」で、芥川はそんな人間の心の奥底を表現したのかもしれませんが、それも「藪の中」です。

**佐藤**　こうした構成にすると、奇をてらった印象を与えるリスクもあるのですが、それぞれから魂の叫びのようなものが聞こえてくるために、微塵もそういうところを感じさせません。

**池上**　私は、真面目に司法研修所のテキストにしてほしいと感じます。とりわけ、裁判官、検察官を志向する人は、ぜひ読むべきだと思いますね。

## 「藪の中」に分け入ることの意味

**佐藤**　今回、謎の多いこの物語をテーマに選んだのは、実際の社会の出来事や人間関係などでも、「何が真実か」「どうすればいいのか」がわかりにくい状況というのは、しばしば起こることだからです。そういうことに遭遇した場合に、「私にはわかりません」と初めから誰かに判断を丸投げしてしまうのか、それとも一つひとつのシナリオを吟味してより良い方向を見つけていこうとするのか。

**池上**　物語に引きつけて言えば、「関係者には、それぞれの言い分があるんだね」で終わらせるか、幾多の研究者がしてきたように、7人の証言に基づいて、真犯人は誰なのかを自分なりに推理してみるのか、ということになるでしょう。

**佐藤**　後者の思考は、蓋然性の範疇にあるものをその枠から引っ張り出して、一つの道筋をつけるということです。そういう訓練ができている人とそうでない人とでは、経験が積み重なっていくうちに、大きな差が生まれてくるように思います。

**池上**　困難で面倒くさいと感じても、明かりを頼りに、あえて藪の中に入って行くことが重要だということでしょう。

**佐藤**　この物語もまさにそうなのですが、その結果、「これが真実だ」という確証には行きつけないかもしれません。しかし、自分にとって最も説得力のある「有力説」を探ることはできるはず。そこが大事なのです。

**池上**　例えば、「やはり捕まった容疑者の男が最も怪しい」「侍の霊の言うことを信じるべきだろう」と。その際、自分がそう考える根拠をはっきりさせることがポイントになりますね。

**佐藤**　そうです。なぜその証言を採用して、他を不採用とするのか。この物語は、そういうふうに、考えることの重要性を教えてくれているようにも思います。

ただし、現実を見ると、残念ながら「深く考える」ということが軽視される、ともすれば嘲笑の対象になるような風潮の広がっているのが、今の日本です。かわって勢力を伸ばしているのが、「藪の中は、どうせわからないでしょう」「真実かどうかなんて、私には関係ありません」というニヒリズム的な傾向です。

**池上**　ニヒリズムというのは、一般に伝統的な権威や社会の制度などに背を向ける「虚無主義」のことを言います。現代の日本にニヒリズムが蔓延しつつあることは確かだと、私も思いますね。

**佐藤**　特徴的なのは、新しいタイプのニヒリストたちが登場し、瞬く間に言論空間において、一定のスタンスを確立したことです。私には、好ましい傾向だとは思えません。

## 蔓延する「第3のニヒリズム」

**池上**　佐藤さんの想定するニヒリストというのは、例えばどういう人たちのことなのでしょうか？

**佐藤**　社会で注目を集めた出来事について、自らはその分野の専門家ではないにもかかわらず、「独自の視点」から断定的な物言いをする人たち。ネット空間だけではなくて、テレビメディアに登場する人もいます。

**池上**　なるほど。話自体は歯切れがよくて「痛快」なので、それなりの支持を集めている人たちですね。ただ、歯切れはいいのだけれど、発言をよく聞くと、課題に対して建設的な意見を述べているのかといえば、さにあらず。ちょっと他人と違うことを言って、注目を集めるのが目的のようにも見えてしまう。

**佐藤**　基本的に、注目されれば何でもありなのです。「雪女」のところで社会のタブーについて触れましたけど、彼らニヒリストにタブーはありません。タブーがあったら、ああいう立ち位置にはいられない、と言ってもいいでしょう。

**池上**　あえて「新しいタイプ」のニヒリストと言うのは？

**佐藤**　従来のニヒリズムの系譜にはAとBがあります。ニヒリズムAは、とにかく既存の秩序を認めないというもので、極端なエゴイズムを標榜したドイツの哲学者マックス・シュティルナーや、あるいは19世紀後半の帝政ロシアの「ニヒリスト」と呼ばれた革命家たちは、この系譜に属します。ニヒリズムと世直しがつながるのです。

対して、ニヒリズムBというのは、人生を降りてしまった人たちです。降りてニヒリズムに行ったニーチェです。ここから主体的に世の中を変えようという考えは出てきません。あるいは日本だったらダダイズムの辻潤などです。辻潤はアナーキストなのですが、社会的実践には向かない性格でした。妻の伊藤野枝が大杉栄を選ぶと、辻潤は尺八を吹いて物乞いで生活するようになりました。太平洋戦争中にアパートで餓死しました。世の中から徹底的に「降りた」知識人でニヒリストです。

これらに対して、今日本で「活躍」しているニヒリストたちも、基本的に人生を「降りて」いるわけです。ところが、そこには従来型とは大きな違いがあって、国家権力のような強者とは戦わないのです。自らそのように明言している人もいます。ですから、この「第3のニヒリズム」は、私に言わせれば卑劣なニヒリズムです。ただし、これも立派な思想なのです。

**池上**　本人たちに思想家という自覚があるかどうかは、疑問です。でも、何ごとか起こるたびにそういう人物の発言が注目を集め、世論に多大な影響を与える状況が、いつの間にか広がっているのは事実ですからね。

**佐藤**　ですから、きちんと思想家として扱う必要があるのです。注意すべきは、その時代における支配的な思想は、イコール支配者階級の思想だということです。そうした視点から彼らを見ないと、過小評価につながる恐れがあるでしょう。

国家権力を認めないのならば、アナーキズムと親和性が高くなるというのが伝統的なニヒリズム。繰り返しになりますが、彼らは既存の権威など糞くらえという態度を取りながら、最大の暴力装置である国家との闘争は回避しています。

**池上**　結果的に、世の中の支配層にとって何ら痛痒を感じないばかりか、その支配に都合のいい言説を流布する役割を担っている。これも、本人たちが意識できているのかはわかりませんが。

**佐藤**　付け加えれば、非常に効率的にマネタイズできるのも、このニヒリズムの特徴です。

**池上**　発言が注目を集めれば集めるほど、儲かる仕組みになっていますね。

**佐藤**　そういうところも含めて、「第3のニヒリズム」は、プロローグで語り合った新自由主義という時代背景と密接不可分の関係にあります。「物事は白か黒か」「とにかく効率第一」という時代の要請と、非常に親和性が高いわけです。

こうしたものがデファクト・スタンダード（事実上の標準）になりつつある社会というのは、かなり危ないのではないでしょうか。しかも、そうしたニヒリズムの形成は、現在進行形です。このままの形で完成を迎えたとしたら、どんな思想になっているのかということに関しては、興味よりも怖さが先に立ちます。

**池上**　その点は、まったく同感です。

## 危険な現代のニヒリズムと闘うために

**佐藤**　これは、今回のテーマである寓話や昔話に限った話ではないのですが、そういうニヒリズム的なものに呑み込まれないためには、18世紀の啓蒙の思想への理解が重要になるのではないかと思うのです。19世紀のロマン主義やニヒリズムや共産主義以前の合理主義、実証主義です。理屈、エビデンスを重視して論を展開していく。啓蒙の時代には、「寛容」もキーワードでした。自由を徹底すれば、格差が際限なく開いていく。平等だけでは自由の余地がなくなってしまう。そこで、友愛というスローガンが生まれたわけです。理性的な議論を重ねることで、その折り合いをつけていこう、という18世紀の英知にほかなりません。

**池上**　新自由主義の波の中で喪失してきたのが、まさにそこだと思います。

**佐藤**　私が何ごとかを語る人間を評価するときの重要な基準は、そうした啓蒙的理性を尊重しているかどうかです。それをないがしろにしている典型が、誤解を恐れず言うならば、本来語る資格はないのにもかかわらず、あれこれ印象論を述べる人たち。

**池上**　お話の「第3のニヒリスト」ですね。

**佐藤**　タブーがなく、しかし、最も怖い国家権力には歯向かわないというスタンスであれば、森羅万象について自由に主張できるでしょう。ただし、繰り返しますが、語っているのは個人の印象論に過ぎません。
啓蒙主義の合理性や実証性、そこから導き出されるアナロジーの思想といったものは、嚙み砕いて言うと、「人の気持ちになって考え、伝える」ということだと思うのです。ベタな言い方ですが、社会にとってこうした共感力というものはやはり欠かせないもので、それが希薄になると、いろんなところに綻びが出てきます。新自由主義的な競争原理の下では、周囲はみんなライバルですから、どうしても共感力が育ちにくくなってしまう。

**池上** まずは、そういう現状認識を持つことが大事だと感じます。

**佐藤** 今回は、計20話の寓話や昔話を取り上げましたが、私はこうした古典をもう一回読み直してみることは、現在の世界を覆っているニヒリズムのような思想、考え方の限界を知る一助になると思うのです。100年、200年残る童話や昔話というものは、みんなニヒリズムに対抗する物語と言ってもいいでしょう。

**池上** だから、ニヒリズムに抗う武器になり得るということですね。非常に重要な視点だと思います。忙しく日々の生活を送る中で、ともすれば今の社会のあり方が当たり前のように感じたりもするのですが、決してそうではなくて、過去にも様々な時代を支配する思想がありました。反面教師も含めて、それらから学べることは多いはずです。しかも、古典とはいえ童話や昔話だったら、肩ひじ張らなくても読めますから。

**佐藤**　バリバリ仕事をしている20代、30代くらいのビジネスパーソンにこういう話をしても、「今さら昔話を聞いて、何の意味があるのか」という感想を抱くかもしれません。「そんな暇があるのなら、英会話学校に通ったり、簿記の勉強をしたりした方がよほどいい」と。

**池上**　スキルアップは必要かもしれませんが、それだけではなかなか世界は広がりませんよね。じんわり血肉になるような、いわゆる教養を身につけることは、やがて仕事にも役立つはずだし、新自由主義の世の中で自分を見失わないための、よりよい生き方の指針にもなると思うのです。

**佐藤**　実はそういうのは、かつては居酒屋や喫茶店で、上司や先輩が後輩の相談に乗ったりしながら、熱っぽく語っていたことでもあるんですよ。

**池上**　すっかりなくなりましたね、そういうコミュニケーションは。この何十年かの間に、先輩と後輩もきっちり分断されてしまった感じで。

**佐藤**　居酒屋や喫茶店自体がみんなチェーン化されて、のっぺらぼうになったのが、時代の変化を象徴しているような気もします。

ともあれ、今述べたような問題意識も持ちながら、童話や昔話を読み直してみてほしいと思うのです。池上さんがおっしゃったように、本格的な勉強と違って、そんなに時間が必要な作業ではありません。

**池上**　考えながら読む、読んで考えるということが大事ですね。仕事の合間に、スタバで手に取るというのも、いいのではないでしょうか。

## おわりに

日本社会には何とも形容しがたい閉塞感がある。日本だけではない。北アメリカ、ヨーロッパ、オーストラリア、ニュージーランド、韓国などもこの閉塞感を共有している。5年くらい前、人類は既に飢餓、疫病、戦争をほぼ克服しつつあるという言説が先進国では主流だった。この認識に立ってイスラエルの歴史学者で未来学者のユヴァル・ノア・ハラリは、近未来にＡＩ（人工知能）とバイオテクノロジーを駆使し、臓器移植を繰り返して、少なくとも120歳くらいまで健康寿命を維持する神のような人間「ホモ・デウス（人間・神）」が超富裕層に生まれると予言した。

しかし、2023年現在、ハラリが唱えた楽観的モデルの賛同する人々は少数派になっている。

まず第一に、2020年初頭から世界的に吹き荒れたコロナウイルス（ＣＯＶＩＤ－

19）の嵐で、人類が疫病をほぼ克服したという言説が成り立たないことが明らかになった。

第二に、2022年2月24日、ロシアがウクライナに侵攻したことによって始まった戦争だ。この戦争は、当初、ウクライナ東部に居住するロシア系住民の処遇を巡る少数民族問題が争点だった。しかし今ではアメリカを中心とする西側連合（日本もその一員であるがベンチの端に腰掛けている）VS.ロシアの価値観戦争になっている。ただしその価値観が大きく異なる。西側連合からすれば、民主主義（西側連合）VS.独裁（ロシア）という二項対立になるのだが、ロシアからすれば真実のキリスト教（ロシア）VS.悪魔崇拝（サタニズム）（西側連合、特にアングロサクソン）という価値観の対立になるのだ。価値観を巡る戦いは一方が他方を殲滅するまで終わらない。価値観を巡って争っている限りウクライナ戦争は終わらない。さらに23年10月7日にはパレスチナ自治政府のガザ地区に拠点を持つイスラム教スンナ派武装集団ハマスがイスラエルにテロ攻撃をしかけ、これに反撃しイスラエルがガザ地区に激しい攻撃を加えている。双方の死者が1万人を超える戦争に匹敵する事態になっている。

いずれにせよウクライナ戦争とガザ紛争という現実に直面して、われわれ人類はほぼ戦争を克服したという言説を維持することもできなくなった。

ウクライナ戦争の長期化に伴い第三の飢餓の問題が、アフリカや中東では深刻になっている。今後、保護主義が高まり、穀物の主要生産国が輸出制限を行うようになると世界的規模で食料危機が起きる。日本の食料自給率はカロリーベースで38％に過ぎない。カネがあっても外国から食料が購入できないような事態が生じれば（世界的に保護主義が台頭する中、そのような可能性が絶対にないとは言えない）、飢餓が現実になる。

私の理解では、現下の世界が直面している危機は、個人主義（原子論）、合理主義を基礎とするモダン（近代、現代）システムが限界に来ているので生じたものだ。ポスト・モダンは未だ現れていない。モダンと異なる世界が存在することを実感するためには、プレ・モダン（古代、中世）に目を向ける必要がある。だから、プレ・モダンの時代からの伝承、あるいはその伝承を再編、もしくはモチーフにした童話を読み解く意味がある。童話を通じて、現代の危機的状況の中でわれわれが生き残るために必要な知恵を掬い出すのだ。

本文でも強調したが、私の認識では、現下の日本社会が直面する最大の思想的危機はニヒリズムだ。ニヒリズムの立場を意識的のみならず無意識のうちに採る言論人は、自分が述べている言説が真実であると信じていない。発話主体の誠実性に欠けていても、それを問題と感じないのだ。「人間はどうせいつかは死ぬ。死んだら無になる」という諦めから、自らの人生に真面目に取り組もうとしない。自分を大切にしないのだから、他者に対しても冷淡だ。社会に対する関心も薄い。さらに資本主義社会ではカネでほとんどの欲望を満たすことができるので、関心は金儲けになる。金儲けで成功しなかったニヒリストの場合、超富裕層に憧れ、この人たちの行動原理である新自由主義と自己責任論を内面化する。

そういう生き方はつまらないと私は思っている。そのことを童話を通じて読者に伝えたいという想いで、池上彰氏とこの本を作った。

思い返せば、1960年生まれの私たちの世代は、70年代後半から80年代前半にかけては「しらけ世代」、80年代後半以降は「新人類」と呼ばれていた。「しらけ世代」という言葉が示すように当時からニヒリズムは日本社会で無視できない影響力を持っていた。私はこの流れに強い違和感を持ったので、同志社大学神学部1回生のクリスマス礼拝（1979年12月23日）にプロテスタント教会で洗礼を受け、キリスト教徒になった。

私は同志社大学神学部と同大学院神学研究科でチェコのプロテスタント神学者ヨゼ

フ・ルクル・フロマートカについて研究した。そして社会に出てから現在に至るまで、35年も継続的にこの神学者について研究している。フロマートカから学んだ事柄の一つは、ニヒリズムは悪魔に起源を持つので、キリスト教徒はそれと闘わなくてはならないということだ。これは人間の理屈を超えた神からの命令なのだ。

2023年4月、新潮社から上梓された村上春樹氏の長編小説『街とその不確かな壁』の著者あとがきが興味深い。そこにはこう記されている。

〈ホルヘ・ルイス・ボルヘスが言ったように、一人の作家が一生のうちに真摯に語ることができる物語は、基本的に数が限られている。我々はその限られた数のモチーフを、手を変え品を変え、様々な形に書き換えていくだけなのだ――と言ってしまっていいかもしれない〉(661頁)

これを読んで、私も学生時代からニヒリズムの克服というテーマに手を変え品を変え取り組んでいるのだということを再認識した。

本書を上梓するにあたって中央公論新社の中西恵子氏、フリーランス編集者兼ライターの南山武志氏にたいへんにお世話になりました。ありがとうございます。この対談に応じていただき、貴重な見解を披瀝してくださった池上彰氏にも深く感謝申し上げます。

2023年11月8日、曙橋（東京都新宿区）の自宅にて

佐藤　優

**池上 彰** Ikegami Akira

ジャーナリスト。1950年長野県生まれ。慶應義塾大学卒業後、NHK報道記者として事件、災害、教育問題を担当。『週刊こどもニュース』を経て2005年からフリーに。テレビ出演や書籍執筆など幅広く活躍。現在、東京工業大学特命教授など計6大学で教える。

**佐藤 優** Sato Masaru

作家・元外務省主任分析官。1960年東京都生まれ。在ロシア日本大使館に勤務を経て2005年から作家に。05年発表の『国家の罠』で毎日出版文化賞特別賞、翌06年には『自壊する帝国』で新潮ドキュメント賞、大宅壮一ノンフィクション賞を受賞。

**中公新書ラクレ 806**

グリム、イソップ、日本昔話《にほんむかしばなし》
人生《じんせい》に効《き》く寓話《ぐうわ》

2024年1月10日発行

著者……池上《いけがみ》 彰《あきら》 佐藤《さとう》 優《まさる》

発行者……安部順一
発行所……中央公論新社
〒100-8152 東京都千代田区大手町 1-7-1
電話……販売 03-5299-1730 編集 03-5299-1870
URL https://www.chuko.co.jp/

本文印刷…三晃印刷 カバー印刷…大熊整美堂 製本…小泉製本


Published by CHUOKORON-SHINSHA, INC.
Printed in Japan ISBN978-4-12-150806-5 C1236